18. Geburtstag
Die 6 Säulen zum Start in die Volljährigkeit

Mit genialem Know-How selbstbewusst für sich einstehen, gesund bleiben und Träume verwirklichen, ganz ohne Stress

Heiko Thiel

Inhalt

Teil I - Eine kleine Einleitung zum Erwachsensein 1
    Deine neue Rolle als Erwachsener 3
        To-do-Listen 6
        Die eigene Schule selbst aussuchen 8
    Sicher durchs Internet 10
        Geldfalle Internet.. 15
        Online-Shopping 16
        Bezahlen im Internet 17

Teil II - Ein Duft nach Freiheit 21
        Versicherungen fürs Ausland 24
        Im Ausland mit Geld versorgt 25
        Gesundheitsvorsorge vor dem Reiseantritt 26
    Hotel Mama Adé 28
        Deine erste eigene Wohnung 30
        Der Mietvertrag 33
        Leben in einer WG 35
        Der Einzug ins neue Zuhause 37
        Nicht vergessen: Melde Dich in Deiner neuen Stadt an.. 40
        GEZ – Der Rundfunkbeitrag 42
        Wohngeld 42
    Autofahren ohne Eltern im Nacken...44
        Eine passende Fahrschule finden.. 44
        Theorie- und Praxisprüfung 47
    Das erste eigene Auto...48
        Neu- oder Gebrauchtwagen? 48
        Checkliste zur Autoanmeldung 51
        Ein Auto kostet Geld, nicht nur beim Kauf!......................... 52

Teil III - Die Schule ist aus, so geht es weiter! 57

Das erwartet Dich nach der Schule - Lernpause 59
- Bundeswehr 59
- Freiwilligendienste 59
- Praktika 61
- Praktikum und jobben im Ausland 62

Das erwartet Dich nach der Schule – Ausbildung 63
- So schreibst Du eine überzeugende Bewerbung 65
- Online-Bewerbung 70
- Ausbildung im Ausland 72
- So überzeugst Du im Vorstellungsgespräch! 74
- Für einen erfolgreichen Ausbildungsstart 78

Das erwartet Dich nach der Schule - Studium 81
- Die Wahl des richtigen Studienfachs 82
- Diese Hochschularten gibt es 83
- Abschlüsse nach dem Studium 89
- Bewerbung um einen Studienplatz 90
- So finanzierst Du Dein Studium 91
- Studium im Ausland 97

Die Selbstständigkeit – Sei Dein eigener Chef 100
- Richtig gründen 101

Teil IV - Banken, Versicherungen und Vermögensaufbau 105

Das Girokonto für Erwachsene 106
- Verträge und ihre Tücken 113

Mit dem eigenen Geld richtig wirtschaften 115
- Kredite 116
- Tipps zum Geldsparen 119
- Die Steuererklärung 121

Absichern gegen die Risiken des Lebens - Versicherungen 125
- Die gesetzliche Sozialversicherung 125
- Private Vorsorge 130

Vermögensaufbau – Lass Dein Geld arbeiten 138
- So kannst Du Dein Geld anlegen 139
- Vermögenswirksame Leistungen (VL) 145

Teil V - Recht und Gesetz **147**

    Wählen gehen 148
    Eine Partei gründen 149
    Einen Verein gründen 149
    Straffähigkeit bei Gesetzesverstoß 150
    Rechte von Pflegekindern 150
    Sorgerecht 151
    Erben und Vererben 152

Teil VI - In den Sternen steht geschrieben… **155**

  Erstelle Deinen Plan für die Zukunft **156**

    Der Sinn des Lebens und Lebenskrisen 158
    Glück vs. Erfolg 160

Quellenverzeichnis **163**

Teil I - Eine kleine Einleitung zum Erwachsensein

Mit der Volljährigkeit eröffnen sich Dir viele neue Möglichkeiten, Dein Leben ganz individuell und nach Deinen Vorstellungen zu gestalten. Ab sofort wirst Du Entscheidungen im Leben treffen, welche Dich in eine ganz bestimmte Richtung lenken und Deinen Lebensweg bestimmen werden. Dabei wirst Du die verschiedensten Erfahrungen machen und nicht jede davon wird Dir gefallen. Aber das ist O. K., denn neben dem Glück und der Chance, das Leben in vollen Zügen auszukosten, gehören ebenso gut Rückschläge, Verletzungen und die ein oder andere Katastrophe dazu. Dies sind die Herausforderungen, die jeder von uns überwinden muss. Du wirst an ihnen wachsen, Deinen Kompass neu ausrichten und weiter voranschreiten. Nur mit dem kleinen Unterschied, dass Deine Eltern jetzt nicht immer da sein werden, um Deine Wunden zu versorgen und Dich aufzupeppen. Denn es ist ein entscheidender Lernprozess, den Du als Erwachsener meistern musst, mit den Widrigkeiten des Lebens zurechtzukommen, ihnen so weit es geht mit einem Lächeln zu begegnen und Dich selbst nicht immer allzu ernst zu nehmen. Mit der Volljährigkeit kommen auch Pflichten und Verantwortung auf Dich zu und nicht jeder Schabernack, bei dem im Jugendalter noch ein Auge zugedrückt wurde, wird vom Gesetz einfach so toleriert. Entsprechend wird das, was Du tust, Konsequenzen nach sich ziehen. Wenn Du jedoch lernst, als verantwortungsvoller Erwachsener eigenständig und mit einem angemessenen Maß an Verantwortungsgefühl, sowohl für Dich selbst als auch für Deine Mitmenschen, im Leben einzustehen, dann wird Dir das Leben im Gegenzug viele großartige Momente schenken, auf die Du eines Tages trotz aller Widrigkeiten gerne zurückblicken wirst. Dieses Buch wird Dir dabei helfen, Deine ersten Schritte in die Volljährigkeit zu gehen, gute Entscheidungen zu treffen und Dir somit einen idealen Start ins Erwachsenenleben ermöglichen!

Deine neue Rolle als Erwachsener

Mit der Volljährigkeit nimmst Du in Deinem Leben und in der Gesellschaft eine neue Rolle ein. Denn Du stehst jetzt auf eigenen Beinen und bist in vollem Umfang selbst für Dich verantwortlich. Wenn es zu Problemen im Job oder während des Studiums kommt, dann wirst du selbst die Gespräche mit Deinen Chefs oder Dozenten führen müssen, um eine Lösung zu finden. Wenn die Behörden Dir Fristen setzen, um fehlende Unterlagen einzureichen, dann musst Du zusehen, dass Du die Deadline einhältst. Du hast vielleicht bereits im Elternhaus bemerkt, dass Du mit zunehmendem Alter immer mehr Verantwortung übertragen bekommen hast und die Dinge immer selbstständiger regeln musstest. Dies war eine gute Vorbereitung auf das Erwachsensein, jedoch hast Du hier immer noch einen gewissen elterlichen und rechtlichen Schutz genossen. Als Erwachsener ändert sich das. Die meisten von uns werden auch weiterhin einen engen Kontakt zu der Familie haben und auf deren Unterstützung und Fürsorge bauen können. Und das ist auch gut so! Allerdings ist die Familie im Wesentlichen nicht mehr länger für Dein weiteres Leben verantwortlich, denn das musst du selbst in die Hand nehmen.

Es fällt jungen Erwachsenen nicht immer leicht, sich in ihre neue Rolle einzufinden. Und dies muss auch nicht auf Anhieb passieren, sondern ist ein Prozess, der zum Erwachsenwerden dazugehört. Es ist aber sehr wichtig, dass Du verstehst, dass Du diesen Weg gehen und meistern musst. Denn erst, wenn Du Dich selbst als eigenständigen und verantwortungsbewussten Menschen siehst und Dich mit dieser Rolle identifizierst, kannst Du selbstbewusste Entscheidungen treffen, für die Du einstehst. Du nabelst Dich damit ein Stück weit von Deinen Eltern ab und bist nicht mehr so sehr auf deren Meinung angewiesen. Dies ist umso wichtiger, wenn Du Entscheidungen triffst, mit denen sie nicht einverstanden sind oder die sie nicht verstehen. Du möchtest eine gut bezahlte und sichere Ausbildung aufgeben, um einer sozialen Tätigkeit nachzugehen und deine Interessen zu erforschen? Das ist nicht immer die Wunschvorstellung von Eltern für ihre Kinder. Wenn Du aber Deine eigene Stellung kennst, dann kannst Du Deine Meinung vertreten, sie durchsetzen und Dich nicht so leicht von Anderen umstimmen lassen. Je mehr Du Deinen eigenen Weg gehst und Deine eigenen Erfahrungen sammelst, sowohl gute als auch schlechte, desto mehr festigt sich Dein Selbstbild und damit Deine Selbstachtung. Dadurch wird das alltägliche Leben einfacher:

- Du kannst Dich im Privat- als auch im Berufsleben besser durchsetzen.
- Du kannst banale Entscheidungen des Alltags schneller und leichter treffen.
- Du kannst besser mit Kritik umgehen und reagierst weniger emotional.
- Du triffst bessere Entscheidungen im Hinblick darauf, mit welchen Menschen Du Zeit verbringen möchtest.
- Du lernst Deine eigenen Grenzen kennen und diese zu schützen.
- Du verbesserst die angemessene Interaktion mit Deinen Mitmenschen.

Das Thema **Selbstwert**, auch Selbstwertgefühl, Selbstwertschätzung oder Selbstvertrauen genannt, ist im Grunde genommen so was wie Dein ganz persönlicher Lebensmotor. Selbstwert ist das Bild, welches Du von Dir hast, sowie Deine eigene Meinung von Dir und Deiner Person. Stell Dir einfach mal die Frage: „Wie bewerte ich mich selbst?" Wenn Du jetzt auf Dein Bauchgefühl achtest, dann merkst Du, unabhängig davon, ob Du Dir jetzt schon ganz konkrete Gedanken gemacht hast, ob es eher positiv oder eher negativ ist. Dies ist ein wichtiger Hinweis auf Deine momentane Selbsteinschätzung, denn Du spürst instinktiv die Tendenz, zu der Du neigst. Diese aktuelle Selbsteinschätzung wurde durch Deine bisherigen Erfahrungen geprägt, welche überwiegend aus dem Elternhaus stammen. Zwar hast Du im Laufe des Heranwachsens auch Freunde und andere soziale Kontakte dazugewonnen, welche Dein Denken mitgeformt haben, allerdings ist die Erziehung der Eltern in der Regel der Teil, der sich mit Abstand am stärksten auf uns auswirkt. Wenn zum Beispiel Mutter oder Vater einen sehr autoritären Erziehungsstil hatten, durch den die eigene Meinung oder Widerworte nicht geduldet wurden, dann neigen wir im Erwachsenenalter eher dazu schüchtern zu sein, uns zurückzuhalten und Konflikten aus dem Weg zu gehen. Denn wir schätzen unsere Meinung als minderwertig ein. In diesem Fall werten wir uns auch selbst stark ab, wenn wir mal Fehler machen. Im Umkehrschluss wollen wir Fehler möglichst vermeiden, um uns nicht noch schlechter zu fühlen und trauen uns nicht an schwierigere Aufgaben heran. Allerdings sind Fehler die entscheidenden Treiber für das Lernen und das persönliche Wachstum. Daher ist es so unfassbar wichtig, dass Du Deinen Selbstwert kennst, ihn richtig einschätzt und im Laufe Deines Lebens viele unterschiedliche Erfahrungen sammelst, um ihn zu fördern und zu ergänzen.

Mit der Volljährigkeit bist Du überwiegend auf Dich selbst gestellt und musst für Dich einstehen. Wenn Dein Selbstbild nicht stimmt, wirst Du von anderen Menschen leicht zu beeinflussen sein. Diese Menschen lassen sich überall finden, ob bei der Arbeit, im Freundeskreis, im Sportverein oder sogar in der eigenen Paarbeziehung. Denn Menschen mit einem geringen Selbstwertgefühl neigen dazu, andere Menschen auszunutzen, um sich selbst besser zu fühlen. Wenn Du Deine Position nicht kennst, dann bietest Du Deinem Umfeld also eine entsprechende Angriffsfläche. Viele Menschen, die diesen Aspekt nicht begreifen, verbringen einen Großteil ihres Lebens damit, anderen Leuten alles recht zu machen oder ihr „Seelenmülleimer" zu sein, obwohl sie sich dabei sehr unwohl fühlen.

Beispielsweise hat Dein Lehrer oder Ausbilder privat viel um die Ohren und ist daher sehr gestresst. In der Berufsschule oder am Arbeitsplatz lässt er daher seinen Frust an Dir aus, indem er Dich bei jeder Gelegenheit lautstark, unkonstruktiv und vielleicht sogar auf persönlicher Ebene kritisiert. Du würdest Dich gerne zur Wehr setzen, traust Dich jedoch nicht und gehst dem Konflikt aus dem Weg. Die Folge: Du leidest seelisch unter den ständigen Vorwürfen, gehst nur noch mit einem Knoten im Magen zur Arbeit oder zur Berufsschule und verlierst dadurch immer mehr die Freude am Leben. Was sich hier dramatisch anhört, ist in Deutschland leider immer noch gang und gäbe. In so einem Fall solltest Du Dich an Personen Deines Vertrauens wenden, wie Deine Eltern, einem

Vertrauenslehrer, Deinem Arzt usw. Bleib auf keinen Fall mit dem Problem allein, sondern sprich darüber und mach mit den jeweiligen Menschen einen Plan, wann und wie Du das Thema beim nächsten Mal ansprichst. Auch wenn es zunächst schwierig erscheinen mag, so wirst Du schlagartig merken, wie Dir eine riesige Last von der Brust genommen wird, sobald Du den Menschen, der Dein Leben belastet, mit dem Thema konfrontierst. Dies wäre in diesem Beispiel der erste Schritt, bei dem (hoffentlich) ein Gespräch zustande kommt, auf dem weiter aufgebaut werden kann, um möglichst zeitnah eine Lösung zu finden.

To-do-Listen

Jeder kennt sie, die allseits bekannten To-do-Listen, die uns dabei helfen sollen, wichtige Aufgaben nicht zu vergessen, unseren Tag zu strukturieren und unsere Ziele nicht aus dem Auge zu verlieren. Sie sind ein bisschen vergleichbar mit Stundenplänen oder Hausaufgabenheften. Es gibt die eine Art von Menschen, die auf solche Listen schwören und gar nicht mehr ohne sie können und diejenigen, die absolut gar nichts davon halten und ihren Alltag lieber freestyle wuppen möchten.

Du solltest es einmal in Erwägung ziehen und für Dich selbst eine To-do-Liste ausprobieren. Denn sie bietet Dir mehr als nur die Befriedigung, einen Haken hinter jede erledigte Aufgabe zu setzen und das Gefühl zu verspüren, heute wirklich etwas geschafft zu haben. So wissen wir aus der Gewohnheitsforschung, dass Menschen eher dazu neigen eine gewünschte Tätigkeit durchzuführen, wenn sie zuvor den Ort, die Zeit und die Aufgabe schriftlich (!) notiert haben. Wenn Du Dir also vornehmen möchtest mehr Sport zu treiben, dann kann eine Liste Dir dabei helfen diese neue Gewohnheit in Dein Leben zu integrieren. Nach erfolgreichem Abschluss kannst Du dann Deinen wohlverdienten Haken hinter Dein Workout setzen und verbuchst ein Erfolgserlebnis, welches sich gut anfühlt und die Wahrscheinlichkeit erhöht, es beim nächsten Mal wieder diszipliniert durchzuziehen. Daneben kannst Du auch schlechte Gewohnheiten, die Du gerne loswerden möchtest, mit so einer Liste angehen. Wenn Du im Laufe des Tages eine schlechte Gewohnheit bemerkst, dann notiere sie gleich in Dein Bullet-Journal. Auf diese Weise wird sie Dir bewusster und Du kannst in Zukunft gezielt daran arbeiten, diese schlechte Gewohnheit zu vermeiden oder durch eine andere, gute Gewohnheit zu ersetzen. In diesem Zusammenhang kannst Du Dir auch eine Challenge-Liste erstellen. Trage eine Sache ein, die für Dich eine echte Herausforderung darstellt, zum Beispiel, weil sie viel Überwindung oder Disziplin abverlangt. Manchmal ist es keine einzelne Aufgabe, die an einem Tag erledigt werden kann, sondern über einen gewissen Zeitraum immer wieder durchgeführt werden muss. Jedes Mal, wenn Du einen Haken hinter diese Aufgabe setzt, wird das Belohnungszentrum Deines Gehirns aktiviert. Das macht uns glücklich und mit der Zeit kannst Du so ein stärkeres Selbstbewusstsein aufbauen.

Achte darauf, Dich bei Deinen To-do-Listen nicht mit zu vielen Kleinigkeiten zu verzetteln. Setze stattdessen gezielt Listen ein, um zum Beispiel schwierige Aufgaben zu strukturieren und durchzuziehen. Dies kann ein Lernplan für eine Prüfung sein, bei dem Du schriftlich festhältst, an welchen Tagen Du welche Inhalte durchgehen möchtest. Zudem kannst Du wichtige Deadlines wie Abgabefristen von Unterlagen bei Behörden notieren. Damit gerätst Du seltener in Verzug und vermeidest unsagbar viel Stress. Denn in der Regel sind unsere Ämter bei solchen Dingen sehr penibel und reagieren rasch, wenn ein Bürger ein unzuverlässiges Verhalten an den Tag legt. Nicht zuletzt kannst Du Listen für Dein persönliches Wachstum führen. Hierbei geht es darum, Deine Glaubenssätze, Denk- und Verhaltensweisen zu steuern, umso Deine emotionale Stärke zu festigen. Menschen neigen oft dazu, sich im Alltag immer nur auf das zu fokussieren, was schlecht gelaufen ist. Das erzeugt natürlich sehr viel Stress und ist auf Dauer nicht gesund. Die vielen guten Dinge, welche stets auch noch da sind, werden gekonnt vergessen oder gar nicht erst wahrgenommen. In dem Fall können sogenannte Dankbarkeitslisten helfen. Dabei schreibst Du jeden Abend vor dem Schlafengehen ein, zwei, oder drei Dinge auf, die Dir heute widerfahren sind und für die Du dankbar bist. Dies wirkt sich nachweislich positiv auf unsere Stimmung aus, reduziert Stress und macht uns, bei regelmäßiger Anwendung, auf seelischer Ebene widerstandsfähiger.

Eine To-do-Liste kann aber auch nach hinten losgehen. Dies ist immer dann der Fall, wenn Menschen sich mit ihren Listen überfordern, sich einen Berg an Aufgaben vornehmen und keinen Platz dazwischen für Pausen lassen. Dadurch wirkt so eine Liste nur als eine Aufzählung von Dingen, die man wieder einmal nicht geschafft hat. Anstatt große Projekte in kleine Schritte zu strukturieren, um sie greifbarer zu machen und damit einfacher bewältigen zu können, gibt die Liste einem noch mehr das Gefühl, überfordert zu sein und nichts zu schaffen. Zudem solltest Du eine Liste niemals lückenlos befüllen, sondern Dir immer Freiräume einplanen. Man kann nichts zu einhundert Prozent vorhersehen und so wird es immer wieder dazu kommen, dass unerwartete Erledigungen einem dazwischenfunken. Wenn Du Dir entsprechend Freiräume geschaffen hast, kannst Du flexibel auf solche Dinge reagieren und kommst nicht bei jeder Kleinigkeit in Verzug.

Zu guter Letzt sei gesagt, dass Listen kein Muss für jeden sind. Sie haben lediglich ihre Vor- und Nachteile. Insbesondere, wenn wir uns mit Listen unrealistische Ziele setzen, die an sich gar nicht zu unserer Persönlichkeit passen, dann können solche Listen uns buchstäblich krank machen. Sei achtsam mit Dir selbst und finde heraus, wie Du Dich mit Deinen aktuellen To-dos fühlst. Wenn Du feststellst, dass im Privat- oder Berufsleben die Listen, die Du abarbeiten sollst, Dich nur belasten und Du Dich unwohl fühlst, dann lass es einfach bleiben. Möglicherweise hast Du Deine ganz eigene Herangehensweise, die für Dich wunderbar funktioniert. Wenn dem so ist: Super! Dann mach eben genau das. Mit der Zeit wirst Du Dein Selbst- und Zeitmanagement immer besser kennenlernen und eine passende Lösung finden, sodass nichts auf der Strecke bleibt.

Die eigene Schule selbst aussuchen

Bisher war es Deinen Eltern überlassen zu entscheiden, auf welche Schule Du gehst. Mit 18 Jahren liegt diese Entscheidung nun bei Dir. Dabei müssen natürlich ein paar Regeln beachtet werden, denn mitten im Schuljahr die Schule zu wechseln, ist nur unter bestimmten Bedingungen möglich:

- Umzug in eine andere Wohnung.
- Mobbing von anderen Mitschülern.
- Probleme mit Lehrern.
- Lernprobleme an der aktuellen Schule, wie zum Beispiel eine Über- oder Unterforderung.
- Hervorrufen psychischer Probleme an der aktuellen Schule.

In jedem Fall solltest Du einen geplanten Schulwechsel vorher mit Deinen Eltern und Lehrern besprechen. Denn es kann niemand genau sagen, ob es wo anders besser laufen wird. Wenn die Entscheidung dann gefallen ist, solltest Du Deine neue Schule genau unter die Lupe nehmen. Denn Schulen bieten unterschiedliche Lehrpläne und Fächer an. Auch das soziale Umfeld kann stark variieren. Deshalb erstatte den Schulen einen Besuch und führe Gespräche mit Lehrern und wenn es sich einrichten lässt, auch mit den Schülern. So bekommst Du eine konkretere Vorstellung davon, was Dich erwartet.

Um einen Schulwechsel zu beantragen, musst Du Dich an die zuständige Schulbehörde wenden und einen entsprechenden Antrag vorlegen. Das Vorsprechen beim Schulleiter reicht nicht aus. Den Antrag findest Du im Internet zum Download. Sobald die Bewilligung der Schulbehörde vorliegt, kannst Du einen Termin mit dem Schulleiter vereinbaren. Du solltest jedoch wissen, dass nicht jede Schule verpflichtet ist, Dich auch anzunehmen. Wenn Deine Schulpflicht erfüllt ist und Du beispielsweise aufgrund Deines Verhaltens von der alten Schule rausgeschmissen wurdest, kann dies ein Ablehnungsgrund sein. Darüber hinaus muss die neue Schule genug Platz für neue Schüler haben und es muss eine entsprechende Zuständigkeit für Dich vorliegen. Die Schule muss sich also in der Nähe Deines Wohnorts befinden.

Sicher durchs Internet

Die meisten von uns verbringen einen großen Teil ihrer Zeit im Internet. Das Smartphone mit ausreichend Datenvolumen ist mittlerweile fester Bestandteil unseres Lebens. Die Internet-Nutzungsdauer nimmt mit jedem Jahr zu und verzeichnet einen immer größer werdenden Nutzerkreis. Das haben auch Unternehmen längst gewittert und schauen daher ganz genau auf das Verhalten der User im Netz. Mithilfe von **Cookies** wird die **Customer-Journey**, also die „Kundenreise", von Klick zu Klick analysiert und ausgewertet. Wie lange verbringst Du auf einer Seite? Nach welchem Klick springst Du ab und verlässt die Website wieder? Wann kommt es zu einer Konversion, wie etwa dem Kauf eines Produkts oder dem Eintragen personenbezogener Daten, um sich auf einer Seite zu registrieren? Wenn Du im Internet unterwegs bist, dann hinterlässt Du Spuren in Form von Daten, die für Unternehmen großen Wert haben. Denn mit diesen Daten können sie Dein Verhalten ein Stück weit voraussagen, kennen Deine Interessen und sind damit in der Lage zielgerichtete Werbung zu schalten. Je besser diese Werbung auf den Zielkunden abgestimmt ist, desto höhere Konversionen kann das Unternehmen einfahren und damit den Profit steigern. Daher solltest Du immer im Hinterkopf haben, dass Deine Daten im Internet eine starke Währung sind, die sehr begehrt ist. Wenn Du augenscheinlich kostenlose Dienste wie Facebook oder Google nutzt, dann zahlst Du in Wahrheit mit Deinen Daten. Diese Daten werden von den Plattformen für Unternehmen zur Verfügung gestellt, die ihre Werbeanzeigen auf der jeweiligen Seite ausspielen. Da sie nun wissen, dass Du Interesse am Fitnesssport hast und Student bist, siehst Du beim Surfen plötzlich ganz viele Anzeigen zu Sonderangeboten in Fitnessstudios, zu Trainingsgeräten oder zu extra günstigen Zinsen für Studienkredite. Die steigende Internetnutzung zieht zudem immer mehr Cyberkriminelle an. Der Diebstahl und Handel mit Daten steht hier an der Tagesordnung. Wenn man einem richtig guten Hacker zum Opfer fällt, ist man wahrscheinlich ohnehin ziemlich wehrlos. Gegen die meisten

Hackattacken kann jedoch ein starkes Passwort helfen, welches Du bitte nicht bei all Deinen Logins verwendest. Wir müssen also lernen, mit den Risiken der Weitergabe unserer Daten umzugehen und entsprechende Gegenmaßnahmen kennen:

- Verwende mehrere starke Passwörter.
- Auch Dein WLAN zu Hause sollte mit einem sicheren Passwort geschützt sein.
- Bei öffentlichen WLAN-Zugängen solltest Du nur diejenigen mit VPN nutzen. Wenn das nicht möglich ist, dann trage keine sensiblen Daten auf Websites ein, wie beispielsweise bei einem Online-Kauf.
- Sei sparsam bei der Weitergabe Deiner Daten. Bei einer Registrierung kannst Du nur die Pflichtfelder ausfüllen und Dein Profil in den sozialen Netzwerken nur von Freunden sehen lassen.
- Sorge dafür, dass Deine Privatsphäre-Einstellungen immer auf dem aktuellsten Stand sind.
- Achte auf Phishing-Betrüger. Wenn Du eine E-Mail von einem dubiosen Absender erhältst, dann öffne auf keinen Fall die Anhänge und klicke auf keinen Link. Hier wird versucht Dich dazu zu bringen, Dein Login-Zugang oder andere sensible Daten einzugeben. Oft verwenden die Betrüger seriöse Absender, wie zum Beispiel Amazon oder PayPal. In der Mail steht dann erst mal eine beunruhigende Nachricht, die Dein sofortiges Handeln verlangt, wie etwa eine Kontosperrung oder eine unbezahlte Rechnung. Das soll Dich dazu drängen, unbedacht und in Panik auf den beigefügten Link zu klicken und Deine Daten einzugeben. Log Dich vorher einfach bei der jeweiligen Plattform ein, um zu prüfen, ob die Nachricht in der Mail überhaupt stimmt. Im Zweifel rufst Du den Kundensupport an und informierst Dich dort.
- Du hast ein „Recht am eigenen Bild", was so viel bedeutet wie, dass Du jedes Foto von Dir löschen lassen kannst, welches ohne Deine Erlaubnis veröffentlicht wurde. In der Regel befindet sich beim Foto ein „Melden"-Button, mit dem Du die Löschung des Fotos veranlassen kannst.

- Wenn Du Daten oder Bilder von Dir im Netz findest, dann bitte den Websitebetreiber diese zu löschen. Die Kontaktdaten findest Du im Impressum. Schicke einen Screenshot mit, der Deine Behauptung beweist. Wenn Du alles versucht hast, aber nichts hat funktioniert, dann wende Dich an die Datenschutz-Aufsichtsbehörde Deines Bundeslandes: www.bfdi.bund.de/DE/Infothek/Anschriften_Links/anschriften_links-node.html

Neben Deinem Surfverhalten im Internet solltest Du zudem Deine Hardware absichern, also sprich: Computer, Tablet, Handy. Denn auch auf diesen Geräten sind sensible Daten abgespeichert. Installiere immer die neuesten Sicherheitsupdates und achte darauf, dass Dein Antivirenprogramm immer aktuell ist. Richte eine Firewall ein, damit Deine Geräte besser vor kriminellem Zugriff geschützt sind. Darüber hinaus kannst Du Dich schlaumachen, wie Du recht unkompliziert Deine Festplatte oder Dateien verschlüsseln kannst. Dazu haben die Computer oft bereits integrierte Programme wie beispielsweise FileVault bei Mac-Rechnern. Dasselbe gilt für die **Verschlüsselung von E-Mails**. Die Anbieter haben ihre Produkte mittlerweile verbraucherfreundlicher gemacht, sodass auch Nicht-Informatiker sie anwenden können, wie zum Beispiel ProtonMail, Prosteo oder Mailbox.org. Eine unverschlüsselte E-Mail ist für jeden einsehbar, der Zugriff darauf hat, weshalb Informationen, die nicht mit allen geteilt werden sollen, besser nicht per Mail verschickt werden sollten.

Dein **Passwort** sollte keine einfache Aneinanderreihung von Buchstaben oder Zahlen wie „123456789" sein. Denn so ein Passwort ist fast genauso nutzlos wie gar kein Passwort. Hacker verwenden spezielle Tools beim Knacken von Konten. Diese Tools probieren innerhalb kurzer Zeit sämtliche Zeichenkombinationen und häufig genutzte Wortkombinationen aus. Damit decken sie eine große Fläche an potenziellen Passwörtern ab. Da viele Menschen immer noch zu einfache Passwörter verwenden, haben die Hacker hier leichtes Spiel. Deshalb solltest Du Dir, auch wenn es lästig sein kann, ein paar Minuten Zeit nehmen und Dir überlegen, mit welchen Passwörtern Du Deine Online-Zugänge in Zukunft gut absichern kannst. Viele Plattformen bieten mittlerweile auch eine Zwei-Schritt-Verifizierung an. Das bedeutet, dass Dein Zugang neben dem Passwort noch durch ein zweites Sicherheitsmerkmal geschützt ist. Sehr oft ist das ein Einmalpasswort, welches Dir bei jedem Login per SMS oder E-Mail gesendet wird.

Innerhalb Deines **Browsers** kannst Du bei den Einstellungen im Privatsphären-Bereich Cookies löschen, um nicht von gezielten Werbeanzeigen überhäuft zu werden. Darüber hinaus kannst Du Pop-Ups blockieren und die Abfrage Deines Standorts ausschalten. Mithilfe von Erweiterungen für Deinen Browser, sogenannte Add-Ons, kannst Du Deinen Datenschutz im Internet weiter optimieren. Das Add-On Disconnect blockiert zum Beispiel Anwendungen, welche beim Surfen Daten über Dich sammeln, wie eine Statistiksoftware oder Werbeanzeigen. Auch AdBlocker ist ein weitverbreitetes Add-On. Du solltest aber wissen, dass durch das Blockieren von Werbeanzeigen den Websitebetreibern Einnahmen zum Leben verloren gehen. Nicht jede Seite ist mit überflüssigem Werbemüll überhäuft und viele liefern guten Content, der den Lesern einen Mehrwert schafft und ihnen weiterhilft. Daher kannst Du von Situation zu Situation abwägen, ob Du einer Seite erlaubst Dir Werbung anzuzeigen, indem Du sie gezielt auf einer Whitelist Deines Werbeblockers vermerkst. Für noch mehr Sicherheit beim Surfen hilft Dir ein **Virtual Private Network (VPN)**, auch als VPN-Tunnel bezeichnet. Wie der Begriff vermuten lässt, handelt es sich hierbei um eine Art Tunnel zwischen Deinem Computer und der Website, die Du besuchst. Ein VPN solltest Du insbesondere bei öffentlichen WLAN-Netzwerken wie in Cafés nutzen. Mögliche Anbieter sind Ipredator, Mullvad oder AirVPN. Du zahlst für die Nutzung eine Gebühr, die je nach Anbieter zwischen fünf und zehn Euro liegen kann.

Um mehr Sicherheit bei **Messaging-Diensten** wie WhatsApp zu haben, kannst Du zu sichereren Alternativen wechseln, wie zum Beispiel Telegram oder Signal. Einhundert Prozent sicher fährst Du wahrscheinlich mit keiner Anwendung, aber bei diesen alternativen Messaging-Diensten schneidest Du beim Thema Datenschutz deutlich besser ab. Das Problem ist nur, dass Du Deine Freunde überreden musst, sich ebenfalls die jeweilige App zu installieren, damit Du auch jemanden zum Chatten hast. WhatsApp gehört übrigens zu Facebook, was dem Unternehmen einen ganzen Berg an zusätzlichen Daten seiner Nutzer einbringt. Wem diese Vorstellung nicht behagt, für den wäre der Wechsel auf einen anderen Messaging-Dienst sicher eine Überlegung wert.

Die sichersten Alternativen für E-Mailprogramme, Browser, Messanger-Apps & Co.
- www.privacytools.io

Mailanbieter ProtonMail
- www.protonmail.ch

Mailanbieter Mailbox.org
- www.mailbox.org

Mailanbieter Posteo
- www.posteo.de

Browser Add-On
- www.disconnect.me

Vergleich von VPN-Anbietern der Zeitschrift pc-magazin.de
- www.pc-magazin.de/ratgeber/vpn-dienste-vergleich-clients-anonym-server-cyberghost-anbieter-1548718.html

VPN-Anbieter
- www.mullvad.net

VPN-Anbieter
- www.airvpn.org

Geldfalle Internet

Obwohl die heutigen 18-Jährigen zu den Digital Natives zählen, zeigt die Erfahrung, dass Geldfallen des Internets noch immer viele junge Menschen, die zum ersten Mal selbstständig im Leben stehen, als Opfer fordert. Gerade wenn Deine Eltern bis jetzt für Kosten zuständig waren wie Handy- und Internet, kann es schnell passieren, dass man über einen Klick zu viel dazubucht. Der finanzielle Spielraum wird oft überschätzt und man verliert schnell den Überblick über zu gebuchte Optionen. Darüber hinaus hat sich gezeigt, dass immer mehr Menschen auf Fake-Shops hereinfallen. Dies sind Online-Shops, welche ein deutlich günstigeres Angebot für einen gesuchten Artikel haben, als alle anderen Anbieter, die man im Internet verglichen hat. Auch sonst sehen diese Shops seriös aufgebaut aus und vermitteln einem, dass das Angebot nur noch für begrenzte Zeit gilt, sodass die Verlockung groß ist, schnell zuzuschlagen. Wenn Du auf ein solches Angebot stößt, dann google vorher mal den Online-Shop. Meistens sind schon viele andere Menschen auf die Masche hereingefallen und geben ihre Erfahrungen und Warnungen in Foren preis.

In den letzten Jahren beobachtete man zudem immer mehr den Trend in Richtung Käufe von kostenpflichtigen Inhalten bei Mobile-Games. Diese kleinen Suchtmacher sind bei den Nutzern sehr beliebt und können einen Stunden an das Handy fesseln. Wenn die Leben aber einmal aufgebraucht sind, dann muss man eine gewisse Zeit lang warten, bis sie sich aufgefüllt haben und man weiterspielen kann. Ein paar Extraleben oder Gold im Spiel zu kaufen ist nur ein paar Klicks weit entfernt. Die Transaktion läuft schnell und unkompliziert ab, wenn man seine Bankdaten bereits hinterlegt hat. Wenn Du zum intensiven Zocken neigst, dann solltest Du bei solchen Games genau darauf achten, dass sich die scheinbar kleinen Kosten nicht zu stark häufen. Du wärst nicht der Erste, dem dadurch das Geld im echten Leben ausgeht. Deine Eltern sind nicht mehr dafür verantwortlich Deine Finanzen im Blick zu behalten. Das musst Du jetzt selbst tun. Ansonsten drohen Schulden und im schlimmsten Fall ein Insolvenzverfahren.

Dasselbe gilt für augenscheinlich kostenlose Websites, die am Ende aber doch Geld kosten. Dies betrifft besonders die Musiker unter uns, die sich im Internet Musiknoten für einen Song beschaffen. Man recherchiert im Internet mal schnell nach Noten oder Lyrik und wird schnell fündig. Das einzige was nötig ist, ist eine Registrierung auf der Website. Während des Prozesses wird nichts von Kosten erwähnt, am Ende gab es aber doch welche und es kommt eine Rechnung ins Haus geflogen. Diese Kostenhinweise waren versteckt hinter einem weiterführenden Link oder Ähnlichem aufgelistet oder man hat sie schlichtweg übersehen. Nichtsdestotrotz wird man zur Kasse gebeten und man muss zahlen.

Auf solche Dinge sollst Du in Zukunft stärker achten und Dich nicht in die Irre führen lassen. Den Überblick über Deine finanziellen Rücklagen zu behalten und diese zu erhöhen anstatt zu verbrennen, ist ein zentraler Punkt, der am Ende darüber entscheiden wird, ob Du am Abend auswärts essen gehen kannst oder ob es Tiefkühlpizza gibt.

Online-Shopping

Das Shoppen im Internet ist aus unserem Leben nicht mehr wegzudenken, immerhin ist es sehr bequem. Man hat eine riesige Auswahl und der Online-Markt hat niemals geschlossen. Mit der großen Beliebtheit kommen auch viele schwarze Schafe einher, welche die Situation auf kriminelle Weise zu ihrem eigenen Vorteil nutzen wollen. Laut Meinungen von Sicherheitsexperten sollten Online-Einkäufe nur am heimischen Computer getätigt werden. Aber auch sonst ist bei den Anbietern von Online-Shops, gerade bei unbekannten Händlern mit verdächtig günstigen Preisen im Vergleich zur gängigen Konkurrenz, sehr große Vorsicht geboten. Jedes Jahr verschwindet eine Reihe aufgedeckter Fake-Shops vom Markt, es kommen aber immer mindestens genauso viele wieder nach. Für mehr Sicherheit beim Shoppen bekommst Du hier ein paar hilfreiche Tipps mit auf den Weg:

- Du solltest für Deine Einkäufe im Internet eine extra dafür angelegte E-Mail-Adresse nutzen. Auf diese Weise wird Dein privates E-Mailpostfach nicht mit Werbemails zugemüllt.
- Vermeide Online-Shopping in öffentlichen WLAN-Netzwerken.

- Ein Sicherheitsmerkmal, was Vertrauen schaffen kann, aber auch nicht zu einhundert Prozent für voll genommen werden darf, sind Gütesiegel. Wenn ein Onlinehändler eines vorzuweisen hat, wie beispielsweise vom TÜV oder von Trusted Shops, dann ist dies erst mal ein gutes Zeichen. Du solltest aber wissen, dass auch Fake-Anbieter solche Siegel benutzen können oder eigene Siegel anfertigen, die gar nicht existieren. Sie sehen aber echt aus und die meisten Menschen informieren sich nicht weiter, ob die auf dem Siegel genannte Organisation tatsächlich existiert.
- Wenn Du bei einem bisher unbekannten Onlinehändler gelandet bist, dann prüfe einmal, ob im Impressum eine ladungsfähige Adresse und Kontaktdaten, vorzugsweise eine Telefonnummer, hinterlegt sind. Zudem solltest du schauen, ob Angaben zu Datenschutz, Widerrufs- und Rückgaberecht vorhanden sind. Meistens erkennst Du einen Fake-Shop daran, dass eben solche gesetzlich notwendigen Angaben fehlen oder nur lückenhaft vorliegen.
- Auch hier gilt: Sei sparsam bei der Mitteilung Deiner Daten und fülle nur die Pflichtfelder aus.
- Wenn Du beim Bestell- und Bezahlprozess angekommen bist, dann achte darauf, dass sich in der URL das verschlüsselte Webprotokoll „https" befindet, anstatt nur „http".
- Wenn Dir Deine Bestellübersicht angezeigt wird, dann solltest Du diese auch wirklich einmal gewissenhaft durchschauen. Es passiert nicht selten, dass im Eifer des Gefechts übersehen wird, dass sich noch vom Vortag Artikel im Warenkorb befinden, die mal eben mitgekauft werden. Bei anderen Produkten, wie beispielsweise Flugreisen, muss man bei zusätzlichen Sicherheitspaketen und anderen Boni extra das Häkchen entfernen.

Bezahlen im Internet

Es gibt eine ganze Reihe an Bezahlmethoden, zwischen denen Du wählen kannst. Du solltest Dich informieren, ob bei einigen dieser Bezahlmethoden eine

Rückerstattung ausgeschlossen ist. Bei einer **Überweisung** bist Du gezwungen, dem Händler mit dem Transfer des Geldes auch Deine Kontodaten mitzuteilen, welche dieser auf seinem Kontoauszug einsehen kann. Zudem dauert es länger bis Deine Bestellung verschickt wird, da die meisten Händler warten, bis das Geld auf ihrem Konto eingegangen ist. Im schlimmsten Fall fällst Du einem Betrug zum Opfer und die bestellten Produkte kommen niemals an. Ähnliches gilt für das Bezahlen per Lastschrift, bei dem Du dem Händler die Erlaubnis gibst, Geld von Deinem Konto abzubuchen. Wenn Dir eine ungerechtfertigte Abbuchung auf dem Kontoauszug auffällt, dann setze Dich unverzüglich mit Deiner Bank in Verbindung, um das Geld zurückzubuchen. Bei Geschäften, bei denen Du vorher keine Möglichkeit hattest die gekaufte Ware in die Hand zu nehmen und zu prüfen, hast Du ein gesetzliches Widerrufsrecht. Dieses gilt mit einer Frist von 14 Tagen, nachdem Du Deine Ware bekommen hast. Dazu genügt es, wenn Du den Artikel unbeschädigt zurücksendest. Oft übernehmen die Händler dabei das Porto, um den Kunden entgegenzukommen. Dieses Widerrufsrecht gilt aber nicht bei Privatverkäufern, wie es bei Ebay-Auktionen der Fall ist.

Eine sicherere Alternative sind die Anbieter der Zahlungsmethoden „**Sofortüberweisung**" und „**Giropay**". Dabei gibst Du PIN und TAN Deines Kontos auf der Website der jeweiligen Anbieter ein. Diese Daten werden dann an die Bank weitergeleitet, die dem Verkäufer das Geld zuschickt. Diese Anbieter garantieren dem Verkäufer die Zahlung, sodass die bestellte Ware sofort verschickt werden kann. Zudem musst Du dem Händler nicht Deine Daten mitteilen.

Bei der „**Zahlung per Nachnahme**" musst Du vorab kein Geld überweisen, sondern lässt Dir die Ware zuerst liefern und zahlst dann direkt beim Zusteller. Du wirst aber auch hier nicht immer dazu kommen, das Paket zu öffnen und die Bestellung zu prüfen. Wenn Du diese Zahlungsmethode wählst, dann musst Du sicherstellen, dass am Tag der Lieferung jemand zu Hause ist, um das Paket anzunehmen und den Postboten zu bezahlen.

Mit der **Kreditkarte** kannst Du in nahezu allen Online-Shops bezahlen. Dazu musst Du nur die Daten Deiner Kreditkarte hinterlegen. Ein Vorteil ist, dass Du hier das Geld zurückbuchen lassen kannst, wenn bei Deiner Bestellung nicht alles rund läuft. Du solltest jeden Monat Deine Kreditkartenabrechnung kontrollieren und sicher gehen, dass nur Zahlungen geflossen sind, die Du nachvollziehen kannst.

Du kannst auch einfach „**auf Rechnung**" bezahlen. Dabei bekommst Du mit der Ware die Rechnung geliefert und musst diese innerhalb einer gesetzten Frist begleichen. Du hast also genügend Zeit, um Deine Bestellung zu prüfen und im Nachgang die Bezahlung vorzunehmen. Bei manchen Onlinehändlern ist der Kauf auf Rechnung an Bedingungen geknüpft, wie beispielsweise ein Mindestbestellbetrag oder extra Servicegebühren, welche auf die Rechnung draufgeschlagen werden.

Immer mehr Onlinehändler bieten mittlerweile auch das Bezahlen mithilfe von **Prepaidkarten** an, wie etwa die „Paysafecard". Die Karte kannst Du im Supermarkt, der Tankstelle oder bei der Post kaufen und mit einem Guthaben aufladen. Auf der Karte ist ein Code aufgedruckt, den Du beim Bezahlvorgang nutzen musst, um die Zahlabwicklung abzuschließen. Aus Datenschutzsicht ist diese Bezahlmethode sehr gut geeignet, da es zu keinerlei Übermittlung von sensiblen Daten kommt. Allerdings kann es hierbei mit Rückerstattungen schwierig werden. Daher informiere Dich beim Onlinehändler vorab, wie hier Die Bedingungen aussehen.

Bei **PayPal** oder **Click & Buy** hinterlegst Du Deine Bankdaten bei dem jeweiligen Anbieter. Beim Bezahlen musst Du Dich lediglich in Deinen Account einloggen, brauchst also nur ein Passwort, anstatt für jeden Händler ein eigenes zu erstellen. Dieses eine Passwort sollte aber ein sehr starkes sein.

Teil II - Ein Duft nach Freiheit

Das Erreichen des 18. Lebensjahres ist der Beginn einer aufregenden Zeit. Es bieten sich Dir nun viele Möglichkeiten, die vorher verwehrt geblieben sind und damit viele erste Male, die Du so zuvor nicht erlebt hast. Die Welt öffnet sich Dir auf eine völlig neue Art und Weise und deshalb verspüren viele junge Erwachsene zurecht den Drang nach Aufbruch. Allerdings solltest Du vom Tag Deiner Volljährigkeit nicht erwarten, dass es ein spektakuläres Ereignis wird, welches Dich von jetzt an prägt und Dein Leben für immer verändert. Denn die meisten Dinge, die Du jetzt tun kannst, erlebst Du nach und nach mit der Zeit und nicht auf einen Schlag. Insbesondere, wenn Du noch bei Deinen Eltern wohnst oder zur Schule gehst und daher noch gar nicht eigenständig das Leben leben kannst, verläuft die Volljährigkeit eher unspektakulär. Der 18. Geburtstag wird von den meisten jungen Menschen recht groß gefeiert, um die Bedeutung der Volljährigkeit zu bestärken. In den meisten Fällen ist es aber doch nur ein Geburtstag wie jeder andere. Ein echtes Ritual, welches das Erreichen des 18. Lebensjahres zelebriert und welches es in vielen Kulturen dieser Welt gibt, existiert hierzulande nicht.

Ein solches Ritual sollte insbesondere dazu dienen, sich Gedanken darüberzumachen, wie der weitere Lebensweg aussehen soll. Dies ist leichter gesagt als getan, schließlich hat man sein bisheriges Leben in der Obhut der Eltern verbracht. Und jetzt soll der jugendliche Verstand über eine Zukunft nachdenken, dessen Potenzial er wahrscheinlich nicht einmal wirklich greifen kann? Es ist nicht möglich, mit 18 Jahren sein zukünftiges Leben im Detail zu planen, allerdings kannst Du Deinen Kompass schon mal ausrichten. Du kannst Dir Gedanken dazu machen, welche Dinge Du unbedingt erleben willst, was Dir Spaß macht und was Dich erfüllen könnte. Dann geht es darum, in die Welt hinauszugehen und Erfahrungen zu sammeln. Denn nur so lernst Du Dich immer besser kennen, kannst Deine Ziele neu ausrichten und letzten Endes Deinen ganz eigenen Weg finden. Um Deine Richtung festzulegen, solltest Du Dir ausreichend Zeit nehmen, denn so eine Aufgabe ist nicht mal eben an einem Tag geschafft. Zumindest nicht, wenn Du es ernst meinst.

Die Welt liegt Dir praktisch zu Füßen und insbesondere die ersten Schritte können Dein zukünftiges Leben maßgebend prägen und bestimmen. Was für eine Ausbildung möchtest Du erlernen? Welchen Studiengang belegen? Oder willst Du erst einmal die Welt bereisen? Die heutigen Generationen junger Erwachsener genießen eine große Freiheit, von der ihre Eltern und Großeltern nicht einmal zu träumen gewagt haben. Mit der Vielzahl an Möglichkeiten wächst aber auch die Unsicherheit. Was ist, wenn ich mich für den falschen Weg entscheide? Habe ich dann noch die Chance auf eine gute Zukunft? Was ist, wenn ich jetzt in meinen jungen Jahren zu viel verpasse, was ich später nicht mehr nachholen kann? Dies sind nur ein paar der Sorgen, die junge Menschen plagen. Du solltest Dir grundsätzlich den Druck nehmen, alles von vornherein richtigmachen zu wollen, sodass Du später nichts bereuen musst. Denn das ist nicht möglich. Überlege Dir gut, welchen Schritt Du als nächstes gehen willst und dann mach es einfach. Schau nicht zu viel nach links und rechts, was die Anderen tun. Wenn Du ein gutes Gefühl dabei hast, erst mal auf Reisen zu gehen und die Welt kennenzulernen, anstatt in die Ausbildung zu gehen und Geld zu verdienen, dann solltest Du das unbedingt machen. Auch hier sind mit Work & Travel, Homeoffice und Co. nahezu keine Grenzen gesetzt und Du kannst bereits mit wenig Startkapital Deine Reise beginnen. Hol Dir Inspiration bei Gleichgesinnten, die ihre Erfahrungen in Reise-Blogs und YouTube-Kanälen mitteilen. Auf diese Weise nimmt Deine Vorstellung erste Gestalt an und Du kannst unrealistische Erwartungen direkt beiseite packen.

Wenn Dir das Reisen nicht liegt, auch gut! In vielen Social-Media-Foren und Blogbeiträgen wird einem gebetsmühlenartig nahegelegt, dass Reisen ins Ausland und die damit verbundenen Erfahrungen ein unverzichtbares Mittel sind, um im Leben voll durchzustarten und glücklich zu werden. Dies ist aber nicht war. Jeder Mensch ist ein ganz eigenes Individuum, mit ganz eigenen Vorlieben und einer ganz eigenen Persönlichkeit. Daher ist es anmaßend, eine allgemeingültige Formel für Glück und Erfolg aufzustellen. Wenn Du der Typ Mensch bist, der lieber studieren gehen möchte, um sich einen guten Lebenslauf aufzubauen und sich für eine berufliche Karriere gut aufzustellen, dann ist das Dein Weg und Du solltest ihn gehen. Natürlich können Reisen zum persönlichen Wachstum beitragen. Das gelingt aber auch durch eine erfüllende Aufgabe, Bücher, Hobbys oder Spiritualität. Außerdem bleibt dir ja noch genug Zeit, um deinen Reisehunger etwas später zu stillen. Letzten Endes solltest Du viele Dinge ausprobieren und Dich nicht auf ein Extrem verlegen, bei dem Du alles andere ausblendest. Gerade in den ersten Jahren als junger Erwachsener wirst Du aus einem gesunden Mix an unterschiedlichen Erfahrungen wohl am besten profitieren.

Versicherungen fürs Ausland

Auch beim Reisen können wir Krankheit und Unfälle nicht immer ausschließen. Wenn eine medizinische Behandlung im Ausland notwendig wird, solltest Du alle wichtigen Kontaktdaten von Krankenkassen und Versicherungen griffbereit haben. Versicherungsgesellschaften bieten Dir eine üppige Auswahl an Versicherungsmöglichkeiten im Ausland.

Reisekrankenversicherung

Du solltest ein paar Euro in diese Versicherung investieren. Denn wenn Du krank wirst oder einen Unfall erleidest, der Dich ins Krankenhaus bringt, dann kann Dich dieser Aufenthalt mehrere tausend Euro kosten. Die gesetzliche Krankenversicherung kommt nämlich innerhalb der EU nur für einen Teil der Kosten auf. Außerhalb der EU meistens gar nicht. Du bekommst von Deiner Krankenkasse die Europäische Krankenversicherungskarte, mit der Du in den Mitgliedsstaaten der EU sowie Liechtenstein, Norwegen, Island und der Schweiz mit medizinisch erforderlichen Leistungen versorgt wirst. Dabei sind aber nicht alle Kosten abgedeckt und für manche Dinge musst Du selbst aufkommen, wie etwa den Krankentransport. Reisekrankenversicherungen sind vom Preis her recht erschwinglich und richten sich nach der Dauer des Aufenthalts. Auch wenn Du für ein Jahr und länger ins Ausland gehst, kannst und solltest Du Dich entsprechend krankenversichern. Übrigens: Wenn Du im Ausland Medikamente und andere Hilfs- und Heilmittel kaufen musst, dann bewahre den Beleg sorgfältig auf. Nach Deiner Rückkehr kannst du ihn dann bei Deiner Krankenkasse vorlegen. Manchmal gibt es einen Teil der Kosten zurück.

Reiserücktrittversicherung

Wenn Du einen gebuchten Urlaub kurzfristig stornieren musst, zum Beispiel weil Du krank geworden bist, dann zahlst Du dafür eine Stornogebühr. Je näher die Stornierung am Abreisedatum liegt, desto höher die Stornokosten. Eine Reiserücktrittversicherung kann dich davor schützen. Diese Versicherung ist verhältnismäßig teuer, weshalb Du genau abwägen solltest, ob sich der Abschluss lohnt.

Reisegepäckversicherung

Hierbei wird dein Gepäck für den Fall versichert, dass es geklaut oder beschädigt wird. Vorausgesetzt, Du hast nicht grob fahrlässig gehandelt und gut auf Deine Sachen aufgepasst. Auch diese Versicherung ist recht teuer, weshalb sie sich nur bei teurem Reisegepäck lohnen kann.

Reisehaftpflicht- und Reiseunfallversicherung

Wenn Du im Ausland anderen Personen versehentlich Schaden zufügst oder einen Unfall erleidest, der Dich dauerhaft körperlich beeinträchtigt, dann können Haftpflicht- oder Unfallversicherung greifen und die finanziellen Folgen abfangen. Wenn Du eine private Haftpflichtversicherung und Unfallversicherung hast, dann ist hier das Ausland meistens für eine bestimmte Aufenthaltsdauer inbegriffen. Demnach wäre eine spezielle Variante dieser Versicherungen fürs Ausland unnötig. Mehr zu diesen Versicherungen folgt im Kapitel „Absichern gegen die Risiken des Lebens – Versicherungen".

Im Ausland mit Geld versorgt

Neben Deiner Bank- und Kreditkarte solltest Du auch eine ausreichende Menge Bargeld dabei haben. Dieses Geld hast Du in der jeweiligen Landeswährung und es sollte genug sein, damit Du für mindestens zwei Tage auskommen kannst. Um Geld zu wechseln wendest Du Dich an Deine Hausbank, welche Dir nach aktuellem Währungskurs die Scheine in der Währung Deines Wunschlandes rausgibt. Sorge dafür, genug Bargeld in Deutschland zu wechseln, da im Urlaubsland, gerade in Touristengegenden, meistens hohe Gebühren anfallen können. In den meisten Ländern kannst Du mit Deiner Girocard und deinem gewohnten PIN Geld am Automaten abheben. Nimm dabei lieber etwas mehr mit, um nicht allzu oft welches abheben zu müssen. Denn es fallen jedes Mal recht hohe Gebühren an. Solltest Du Deine Karte oder gleich das ganze Portemonnaie verlieren, wäre es gut, die Telefonnummer Deiner Bank griffbereit zu haben. So kannst Du Deine Karten schnell sperren lassen, bevor jemand Unfug damit treiben kann. Wenn Du nicht genau weißt, wofür Du alles Geld im Ausland brauchen könntest, kann dir die folgende Übersicht helfen:

- Unterkunft
- Verpflegung
- Trinkgelder (In manchen Gegenden wie Ägypten ein Muss)
- Mietwagen und öffentliche Verkehrsmittel
- Besondere Unternehmungen wie Ausflüge oder Einkaufstouren
- Eintrittspreise
- Arzt und Medikamente

Gesundheitsvorsorge vor dem Reiseantritt

In neuen Ländern wird Dein Körper mit neuen Erregern Bekanntschaft machen. Daher gibt es für die verschiedenen Staaten bestimmte Impfempfehlungen und manchmal sogar eine Impfpflicht. Für Mittel- oder Südamerika wird beispielsweise eine Hepatitis-A-Impfung empfohlen. In tropischen Ländern herrscht ein höheres Risiko an Malaria zu erkranken. Wenn Du wissen möchtest, welcher Schutz bei welchem Land vorgeschrieben oder empfohlen wird, dann wende Dich an Deinen Hausarzt, die Krankenkasse oder das Gesundheitsamt (auch online).

Zudem solltest Du eine kleine **Reiseapotheke** mit den nötigsten Medikamenten einrichten. Vergiss auch nicht die Arzneien, die Du ohnehin regelmäßig brauchst, wie etwa ein Asthmaspray. Am besten packst Du Medikamente gegen folgende Beschwerden ein:

- Durchfall
- Verstopfung
- Fieber und Gliederschmerzen
- Augenentzündungen
- Erbrechen und Übelkeit, auch Reiseübelkeit
- Hals- und Ohrenschmerzen
- Husten und Schnupfen

Außerdem solltest Du ein Fieberthermometer, Insektenschutz und Desinfektionsmittel parat haben. Achte auch darauf, Deine Haut mit ausreichend Sonnenschutz vor Verbrennungen zu schützen. Gerade in Ländern mit **niedrigen Hygienestandards** herrscht eine höhere **Infektionsgefahr**. Die folgenden Vorsichtsmaßnahmen werden Dir dabei helfen, auch dortzulande gesund zu bleiben:

- Finger weg vom Leitungswasser.
- Verzichte auf Eiswürfel in Getränken.
- Trinke nichts aus Flaschen, die nicht verschlossen waren.
- Vermeide es Milch zu trinken, die nicht vorher abgekocht wurde.
- Dasselbe gilt für rohes Fleisch, rohen Fisch und Speiseeis.
- Nur frisch geschältes oder gekochtes Obst und Gemüse essen.
- Vorsicht bei frisch gepressten Säften aus Obst.
- www.fit-for-travel.de
- www.netdoktor.de/Gesund-Leben/Reisemedizin

Hotel Mama Adé

Mit 18 Jahren kannst Du von zu Hause auszuziehen und selbst entscheiden, wo Du wohnen möchtest. Das Jugendamt hat jetzt kein Mitspracherecht mehr und auch das sogenannte Aufenthaltsbestimmungsrecht Deiner Eltern ist nicht mehr gegeben. Es kommt jedoch nicht selten vor, dass die euphorische Aufbruchstimmung durch die mageren Kapazitäten des Wohnungsmarkts ausgebremst wird. Bevor Du aber auf Wohnungssuche gehst, solltest Du klären, wer Deine zukünftige Miete bezahlen soll.

Wenn Du noch zur Schule gehst oder eine Ausbildung oder ein Studium beginnst, dann sind Deine Eltern für Dich vom Gesetz her noch unterhaltspflichtig. Bei den Unterhaltsleistungen unterscheidet man zwischen Geldrente beziehungsweise **Barunterhalt** und **Naturalunterhalt**. Barunterhalt bedeutet, dass Du Geld von Deinen Eltern bekommst, mit dem Du Deine Miete bezahlen kannst. Wenn sich Deine Eltern dazu entscheiden, Deinen Unterhalt in Form eines Naturalunterhalts zu finanzieren, dann erfolgt dies mit Sachkosten wie Verpflegung oder Logis. Diese Herangehensweise ist etwa dann sinnvoll, wenn sich Deine Ausbildungsstätte in der Nähe Deines Elternhauses befindet. Wenn Du weiter wegziehen musst und ein Hin- und Herpendeln nicht zumutbar ist, dann steht Dir der Geldunterhalt zu. Wie hoch der Betrag sein soll, kannst Du online in der sogenannten **Düsseldorfer Tabelle** nachlesen, welche regelmäßig aktualisiert wird. Sollten Deine Eltern finanziell nicht in der Lage sein, Dir den Barunterhalt zu zahlen, dann können sie dennoch den Naturalunterhalt zu Verfügung stellen. In dem Fall musst Du Dir eine Ausbildungsstelle nahe Deines Wohnorts suchen oder einen Antrag auf Ausbildungsförderung stellen (später mehr dazu). Den Unterhaltsanspruch Deinen Eltern gegenüber kannst Du nicht dauerhaft durchsetzen. Es wird von Dir verlangt, dass Du Deine Ausbildung oder Dein Studium gewissenhaft durchführst. Wenn Du eine Ausbildung oft abbrichst oder Dein Studium deutlich über die Norm überziehst, dann verlierst Du Deinen Anspruch auf elterlichen Unterhalt.

Was Du auch noch wissen solltest: Mit der Volljährigkeit erlischt das Wohnrecht bei Deinen Eltern. Dies gilt auch dann, wenn sie für Dich unterhaltspflichtig sind. Wenn Du Dich also dazu entscheidest, noch zeitweilig bei Deinen Eltern zu leben, dann solltest Du es Dir mit ihnen nicht verscherzen. Ständig wilde Partys feiern und die Mama als Zimmerservice nutzen kann schnell zum Rausschmiss führen.

In den allermeisten Fällen stellt der Auszug aus dem Elternhaus in Bezug auf die Unterhaltspflicht aber keine Probleme dar. Hier steht viel mehr der **emotionale Aspekt** im Vordergrund, der jungen Erwachsenen den Auszug schwierig machen kann. Ob es Dir leicht oder schwerfallen wird, Deine vertraute Umgebung zu verlassen, hängt von mehreren Faktoren ab:

- Wie eng ist die Bindung zu Eltern und Geschwistern?
- Wie weit ist der neue Wohnort von zu Hause weg?
- Wie stark bist Du in das soziale Umfeld Deines Heimatorts integriert?
- Wie selbstständig bist Du zum Zeitpunkt des Umzugs?
- Was ist der genaue Grund beziehungsweise die Motivation von zu Hause auszuziehen?

Diese Liste lässt sich noch weiter führen. Es wird aber deutlich, dass es eine Vielzahl an Einflüssen gibt, die darüber entscheiden, ob Dir ein Umzug leicht oder schwerfallen wird. Bei vielen jungen Erwachsenen zeigen sich die ersten emotionalen Stolpersteine aber erst nach dem Umzug, wenn sie dann tatsächlich allein sind. Zuvor war noch alles aufregend und Du freust Dich auf Deine zukünftige Freiheit und bist neugierig auf alles, was vor Dir liegt. Wenn es dann aber soweit ist, stellen sich plötzlich Heimweh und Gefühle der Einsamkeit ein. Besonders wenn die Ausbildung gerade schwierig läuft, man Ärger mit Kommilitonen hat oder die dunkleren Jahreszeiten anbrechen, wünscht sich der ein oder andere gerne die heimelige Stube zurück. Aber keine Panik, du gewöhnst Dich an die neue Lebenssituation und wirst es genießen, ab jetzt Dein eigener

Chef zu sein. Es wird sich nicht um Deinen letzten Umzug handeln und jedes Mal, wenn sich Deine Umgebung verändert, ist damit ein Prozess der Neuorientierung verbunden, bei dem Du in der Regel auf Dich allein gestellt bist. Da ist es ganz natürlich, sich zunächst unwohl zu fühlen. Wichtig ist nur, der ganzen Situation immer wieder aufs Neue eine Chance zu geben, sich darauf einzulassen und den Anschluss zu finden. Auf diese Weise wirst Du immer besser lernen, mit ungewohnten Umständen umzugehen und auf neue Menschen zuzugehen. Du organisierst Deinen eigenen Haushalt, richtest Dich nach Deinen Vorstellungen ein und lernst Deinen eigenen Stil besser kennen. Bald werden Deine Eltern Dich in Deinem neuen Zuhause besuchen kommen und Du hast die Möglichkeit zu zeigen, wie gut deren Erziehung in Sachen Gastfreundlichkeit war.

Deine erste eigene Wohnung

Ein sehr aufregender Lebensabschnitt für viele Menschen. Denn mit den eigenen vier Wänden bieten sich Dir bisher unbekannte Freiheiten. Niemand schreibt Dir vor, wie Du die Einrichtung gestalten sollst, wann Du das schmutzige Geschirr waschen musst oder welche Farbe die Wände haben sollen. Allerdings ist immer noch Rücksicht auf Deine Mitmenschen geboten. Schließlich gehört die Wohnung nicht Dir, sondern einem Vermieter, der bei Deinem Auszug alles so vorfinden möchte, wie er es Dir übergeben hat. Wohnungsanzeigen findest du am einfachsten in Internet bei einer der großen Wohnungsbörsen. Schau auch in die Lokalzeitung und auf die Anzeigenblätter Deiner Stadt. Die Tageszeitung und das Stadtmagazin haben zudem sicher eigene Websites, auf denen Du die aktuellen Wohnungsangebote findest. Sobald Du eine Wohnung entdeckt hast, die passen könnte, musst Du einen Besichtigungstermin vereinbaren. Die Kontaktdaten des Ansprechpartners findest Du im Inserat. Damit es schneller geht, solltest Du zum Telefon greifen, anstatt nur eine Mail rauszuschicken. Zur Besichtigung solltest Du jemanden mitnehmen, der bereits Erfahrung mit Umzügen hat und weiß, worauf man bei einer neuen Wohnung achten sollte. Wenn Dir irgendwelche Mängel auffallen wie undichte Fenster oder dunkle Stellen an den Wänden, dann sprich das direkt an. Manchmal hast Du so die Chance, die Miete etwas nach unten zu drücken oder der Vermieter veranlasst die Beseitigung der Mängel auf seine Kosten. Du solltest Dich aber nicht darauf verlassen. Denn in den allermeisten Orten ist der Wohnungsmarkt überfüllt und Vermieter haben viele Bewerbungen für eine Wohnung. Bei so einer großen Auswahl können sie den Nächstbesten nehmen, der die Wohnung nimmt, wie sie ist. Du solltest auch einen genauen Blick auf die Umgebung und die Infrastruktur in Wohnungsnähe werfen. Wenn Du noch kein Auto besitzt, dann wäre es gut, wenn die nächste Haltestelle nicht allzu weit weg ist. Dasselbe gilt für Einkaufsmöglichkeiten, insbesondere wenn Du die Tüten bis nach Hause tragen musst. Der wahrscheinlich wichtigste Faktor, wenn es darum geht, sich in seiner Wohnung wohlzufühlen, sind die Nachbarn. Denn auch die schönste Bleibe kann mit nervigen Nachbarn zum Horrorerlebnis werden. Schließlich sind das die Menschen, die in Deiner unmittelbaren Nähe wohnen und mit denen Du klarkommen musst. Du wirst keine Möglichkeit haben, Deine Nachbarn vorab persönlich kennenzulernen, aber Du kannst auf bestimmte Hinweise achten. Wenn im Hausflur eine Ansammlung von Kinderwagen und kleinen Fahrrädern steht, dann wohnen Familien mit kleinen Kindern im Haus. Das bedeutet, bei diesen Leuten ist gegen 18 oder 19 Uhr Schicht im Schacht und um fünf Uhr in der Früh sind Eltern und Kind bereits auf den Beinen. Du kannst Dir vorstellen, dass Eltern von kleinen Kindern viel Wert darauf legen, möglichst viel der kinderfreien Zeit zu nutzen, um sich mal etwas Entspannung zu gönnen. Und die Kinder sollten immer ausgeschlafen sein, damit sie ruhiger sind. Das bedeutet für Dich, dass es zu Konflikten kommen kann, wenn Du am Wochenende mit Deiner Clique bis spät in die Nacht feiern willst. Das Ausschlafen am nächsten Morgen kann genauso schwierig werden. Hier wäre eine WG-Wohnung mit Gleichgesinnten besser geeignet. Auf Nachfrage kann Dir der Vermieter vielleicht ein grobes Bild über die Nachbarschaft geben. Aus datenschutzrechtlichen Gründen brauchst Du aber keine detaillierten Infos zu erwarten.

Als junger Erwachsener, der wahrscheinlich noch nicht wirklich fest mit beiden Beinen im Leben steht, bist Du für viele Vermieter nicht gerade der perfekte Wunschmieter. Es stellt sich immer die Frage, ob Du bereits genug Verantwortungsbewusstsein besitzt, um Deine Miete regelmäßig zahlen zu können. Deshalb solltest Du bei der Wohnungsbesichtigung einen guten ersten Eindruck machen. Das fängt schon bei der Kleidung an. Zieh Dich ruhig etwas schicker an, um einen seriösen Eindruck zu vermitteln. Zudem hilft Dir eine Bürgschaft Deiner Eltern, in der sie bestätigen, dass sie im Ernstfall für Miete, Kaution und mögliche Schadenersatzansprüche eintreten werden. Apropos Kaution: Dabei handelt es sich um einen Betrag, den Du direkt zahlen musst, wenn Du den Zuschlag für eine Wohnung erhältst. Sie beträgt zwei bis drei Kaltmieten und dient dem Vermieter als Sicherheit, falls Du irgendwelche Schäden in der Wohnung anrichtest. Wenn Du ein vorbildlicher Mieter warst, dann bekommst Du die Kaution nach Deinem Auszug zurück. Der Vermieter ist dazu verpflichtet dieses Geld für Dich anzulegen, sodass es Zinserträge erwirtschaftet und nicht einfach brach liegt. Es kann vorkommen, dass der Vermieter von Dir eine **Selbstauskunft** verlangt. Damit möchte er sichergehen, dass Du auch zahlungsfähig bist. In erster Linie stehen hier Fragen zu Deinem Nettogehalt und Deinem Arbeitgeber im Vordergrund. Sollte der Vermieter aber Fragen stellen, die nichts mit dem Mietverhältnis zu tun haben, dann musst Du diese nicht beantworten beziehungsweise Du bist nicht verpflichtet, die Wahrheit zu sagen. Unzulässige Fragen sind beispielsweise, ob Du in nächster Zeit planst Kinder zu bekommen, ob Du Mitglied in einem Mieterverein bist oder ob Du zurzeit in einer festen Beziehung steckst. Solche Fragen helfen dem Mieter, die zukünftige Entwicklung des Mietverhältnisses besser einschätzen zu können und mögliche Risiken vorab auszuschließen. Wenn Du etwa planst, in einem Jahr ein Kind zu bekommen, dann muss der Vermieter davon ausgehen, dass eine größere Wohnung benötigt wird und Du Dein aktuelles Mietverhältnis kündigst. Der Vermieter möchte aber seine Mieter möglichst lange in der Wohnung haben, da die Suche nach neuen Mietern einen nicht unerheblichen Zeitaufwand bedeutet. Wenn Du solche Fragen nicht wahrheitsgemäß beantwortest, dann dürfen Dir, rein rechtlich gesehen, dadurch keine Nachteile entstehen.

Wie viel eine Wohnung an Miete kostet, lässt sich nicht pauschal sagen, da dies bekanntlich sehr stark vom jeweiligen Wohnort abhängt. Allerdings gilt auch beim Wohnungsmarkt: Die Nachfrage bestimmt das Angebot und damit auch den Preis. Möchtest Du in ein Ballungszentrum einer großen Stadt wie München, Berlin oder Hamburg ziehen, dann kannst Du davon ausgehen, dass auch viele andere Menschen dort leben wollen und damit eine große Nachfrage besteht. Diese Nachfrage liegt deutlich über dem Angebot an Wohnraum und entsprechend hoch sind die Mieten angesetzt. Dasselbe gilt für Uni-Städte, wo viele Studenten hinziehen möchten. In Vororten und Provinzstädten kannst Du dagegen mit deutlich geringeren Mieten rechnen, die man auch als einzelne Person bezahlen kann. Dagegen schließen sich die Menschen in großen Ballungszentren oft zu WGs zusammen, um die monatlichen Wohnkosten gemeinsam zu decken. Hierbei weichen die Kosten von den ortsüblichen Marktpreisen ab, da in der Regel ein Pauschalbetrag für das WG-Zimmer gezahlt wird.

Der Mietvertrag

Wenn Du eine Wohnung sicher hast, dann unterschreibst Du einen Mietvertrag und verpflichtest Dich dazu, jeden Monat pünktlich Deine Miete zu zahlen. In den allermeisten Fällen ist die Höhe bereits im Inserat genannt. Im Internet kannst Du auf der Website Deiner Stadt den aktuellen Mietspiegel einsehen, welcher die durchschnittlichen Mietkosten für Deinen Wohnort darstellt. Hier kannst Du herausfinden, ob die verlangte Miete im Rahmen liegt. Dabei wirst Du auf die Begriffe **Kaltmiete** und **Warmmiete** stoßen. Die Kaltmiete ist der Preis, den Du für die Bereitstellung der Räume an sich zahlst. Aber nur in nackten Zimmern zu wohnen, macht natürlich keiner. Du brauchst dazu noch eine Heizung, um es warm zu haben sowie fließendes Wasser. Die Müllabfuhr, der Hausmeister und die Straßenreinigung arbeiten auch nicht ehrenamtlich, sondern müssen bezahlt werden. Diese und noch weitere Kosten werden als **Nebenkosten** bezeichnet. Wenn Du die Nebenkosten zur Kaltmiete hinzurechnest, dann erhältst Du die Warmmiete. Gehen wir einmal von einem Quadratmeterpreis von 8,50€ für eine 50m² große Wohnung aus.

Die Kaltmiete würde dabei 8,50€ x 50m² = 425€ betragen.

Soweit dazu. Und was sind jetzt noch mal genau die Nebenkosten? Sie teilen sich auf in kalte und warme Betriebskosten der Wohnung. Zu den warmen Betriebskosten zählen Wasser und Heizung. Bei den kalten Betriebskosten können sich die einzelnen Posten je nach Mietvertrag unterscheiden. Grundsätzlich fallen folgende Bereiche unter die kalten Betriebskosten:

- Grundsteuer
- Müllabfuhr (kann in manchen Regionen auch gesondert gezahlt werden)
- Abwasserkosten
- Instandsetzungskosten
- Straßenreinigung
- Schornsteinfeger

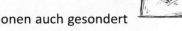

Die Nebenkosten werden jeden Monat mit der Miete verrechnet. Dabei wird von einem Pauschalbetrag ausgegangen, den Dein Haushalt mit der jeweiligen Anzahl an Bewohnern verbraucht. Am Ende des Jahres erhältst Du dann eine Nebenkostenabrechnung, die den tatsächlichen Verbrauch angibt. Hast Du mehr verbraucht als zuvor angenommen wurde, dann musst Du nachzahlen. Hast Du hingegen weniger verbraucht, dann erhältst Du eine Rückzahlung. Erfahrungsgemäß kommt Letzteres eher selten vor. Daher lege vorsichtshalber über das Jahr verteilt jeden Monat einen kleinen Sparbetrag an die Seite für den Fall, dass mit der Nebenkostenabrechnung eine Nachzahlung von ein paar Hundert Euro fällig wird. Oft werden die Nebenkosten absichtlich niedrig angesetzt, damit die Gesamtmiete günstiger erscheint und sich mehr Interessenten auf das Inserat melden.

Deinen **Strom** kannst Du bei einem beliebigen Anbieter anmelden. Hier schwanken die Preise und ein Vergleich lohnt sich. Denn ähnlich wie bei der Nebenkostenabrechnung, gibt es auch eine Stromkostenabrechnung. Damit Du eine kleine Orientierung hast, solltest Du wissen, dass aktuell der monatliche Strompreis für einen Singlehaushalt zwischen 30€ und 60€ liegt. In diesem Fall wird von einem Verbrauch von 2.000 kWh ausgegangen. Wenn Du mehr verbrauchst, musst Du auch hier mit einer Nachzahlung rechnen.

Nicht alles, was in einem Mietvertrag festgehalten wird, ist auch rechtskräftig. Denn der Gesetzgeber gibt vor, was in einem Vertrag stehen darf und was nicht. Wird dennoch eine unzulässige Klausel eingebaut, so ist diese ungültig und der Vertragspartner muss sich nicht daran halten. Im Mietvertrag wäre das zum Beispiel eine Klausel, die es Dir verbietet, nach 19 Uhr duschen zu gehen. Bei anderen Sachen musst Du Dich aber durchaus an die Vorgaben im Mietvertrag halten. Das betrifft zum Beispiel das Halten von Haustieren, das Einhalten der Nachtruhe oder die Anzahl an Untermietern, die Du bei Dir wohnen lässt. Bei kosmetischen Eingriffen in der Wohnung, wie etwa Tapezieren oder das Streichen der Wände, liegt die Verantwortung laut Gesetz bei dem Vermieter. Verpflichtest Du Dich aber im Mietvertrag, solche **Schönheitsreparaturen** selbst vorzunehmen, dann musst Du Dich auch daran halten. Meistens wird verlangt, dass der Mieter nach Auszug die Wohnung wieder in den ursprünglichen Zustand versetzt. Wenn Du alle Deine Wände schwarz gestrichen hast, dann kannst Du Dich also darauf einstellen, bei Deinem Auszug reichlich weiße Farbe einzukaufen. Wenn Du größere Schäden hinterlassen hast, die nicht zu den einfachen Gebrauchsschäden gerechnet werden können, hat der Vermieter das Recht, Deine Kaution für die Reparatur zu verwenden. Wenn Du in die Wohnung einziehst, dann erhältst Du ein **Übergabeprotokoll**, welches den aktuellen Ist-Zustand der Wohnung festhält. Sorge dafür, dass hier jeder kleinste Mängel festgehalten wird. Ansonsten kann es passieren, dass Dir bei Deinem Auszug Schäden angerechnet werden, die vorher bereits da waren und für die Du nicht verantwortlich bist. Wenn Du im Laufe der Zeit weitere Mängel feststellst, die beim Einzug nicht ersichtlich waren, kannst Du unter Umständen verlangen, dass diese Mängel beseitigt werden oder die Miete verringert wird. Was auch passieren kann ist, dass Du ein Schreiben im Briefkasten findest, in dem der Vermieter Dir mitteilt, dass er die Miete erhöhen will. Wenn dieser Fall eintrifft, dann solltest Du Dich genau informieren, ob das überhaupt legal ist. Denn eine Mieterhöhung ist nur unter bestimmten Voraussetzungen möglich, insbesondere dann, wenn gerade Mieter in der Wohnung leben. Dabei können Dir folgende Seiten weiterhelfen:

- www.mietrecht.org
- www.mieterbund.de/mietrecht.html
- www.mieterschutzbund.de
- www.mieter-themen.de

Leben in einer WG

Hier teilst Du die Mietkosten mit Deinen Mitbewohnern. Dafür musst Du Räume wie Küche, Bad und Flur ebenfalls mit den anderen teilen. Ein Zimmer bleibt für Dich als Rückzugsort. Auf diese Weise kann man auch in beliebten Großstädten wohnen, in denen die Mieten so hoch sind, dass es nur schwer möglich ist, sie alleine zu stemmen. Du musst Dich auch darauf einstellen, dass Deine Mitbewohner Besuch empfangen wollen und insbesondere bei Studenten-WGs wird auch die ein oder andere Party geschmissen. Wenn Du weiter von zu Hause weggezogen bist, sind WGs aber eine vielversprechende Möglichkeit, um schnell neue Leute kennenzulernen.

Wenn Du Dir Inserate zu WGs anschaust, dann wirst Du schnell feststellen, dass diese mit einer Art Casting verbunden sind. Du vereinbarst also einen Termin mit den aktuellen Mietern und findest Dich plötzlich in einem Wohnzimmer wieder, wo Dir eine Gruppe von Leuten gegenübersitzt und Dir Fragen stellt. Dabei geht es darum herauszufinden, ob Du in die Wohngemeinschaft reinpasst oder ob es zu viele Reibungspunkte gibt. Aber nicht nur die WG-Leute, sondern auch Du selbst musst für Dich entscheiden, ob Du mit diesen Menschen auf engstem Raum zusammenleben kannst. Folgende Punkte sollten auf Deiner Checkliste stehen:

- Wie viel Miete sollst Du für Dein Zimmer zahlen?
- Wie viel sollst Du zur Kaution beisteuern?
- Was machen Deine Mitbewohner zurzeit? Sind sie auch Studenten/Azubis oder arbeiten sie Vollzeit?
- Was ist der Grund, warum Dein Vorgänger ausgezogen ist?
- Wie sieht die Ausstattung an Haushaltsgeräten aus? Was musst Du noch besorgen?
- Unternimmt die WG gemeinsame Aktivitäten?
- Werden die Lebenshaltungskosten für Essen, Trinken, Hygiene & Co. geteilt oder ist jeder für sich selbst verantwortlich?
- Gibt es für jedes WG-Mitglied feste Aufgaben oder einen Putzplan?
- Sind Haustiere vorhanden?
- Wie ist die Versorgung mit Internet und Telefon geregelt?

Du hast auch die Möglichkeit eine eigene WG zu gründen. Dazu kannst Du einfach online ein Inserat erstellen und eigene Castings mit Bewerbern abhalten. Wenn Du nach langer Sucherei keine passende WG gefunden hast, dann wäre das eine interessante Alternative.

Wenn man mit Menschen zusammenlebt, dann ist es unvermeidlich, dass es hier und da zu Streitigkeiten kommt. Das ist vollkommen normal. Wichtig dabei ist, dass die Dinge, die Dich an den anderen stören, auch angesprochen werden. Die meisten Sachen lassen sich durch ein anständiges Gespräch aus der Welt schaffen. Behältst Du Deinen Ärger zu lange bei Dir, dann wird er sich so lange anstauen, bis Du einen tiefen Groll gegenüber Deinen Mitbewohnern aufgebaut hast. Das ist Gift für jede zwischenmenschliche Beziehung. Am besten veranstaltet ihr einen gemeinsamen Kochabend und sprecht beim Essen über diese Themen. In einer derart entspannten Atmosphäre werden Probleme besser gelöst als im hektischen Alltag. Um eine WG zu finden, kannst Du Dich auf speziell dafür ausgerichteten Immobilienbörsen oder bei den gängigen Anbietern umschauen:

- www.wg-gesucht.de
- www.studenten-wg.de
- www.immonet.de
- www.immobilienscout24.de
- www.wohnungsmarkt24.de

Der Einzug ins neue Zuhause

Sobald Du den Mietvertrag unterschrieben hast, kannst Du mit dem Vermieter abklären, ob die Wohnung bereits ein paar Tage eher frei wird und Du vor dem eigentlichen Beginn des Mietverhältnisses einziehen kannst. Für den Umzug solltest Du Dir zunächst einen **Zeitplan** erstellen. Bis wann müssen Deine Sachen in den Umzugskartons liegen? Wer kann Dir beim Umzug helfen? Wie organisierst Du den Transport? Umzugskartons kannst Du Dir entweder kaufen oder Du fragst mal bei Einzelhändlern nach. Die Supermärkte sind hier oft sehr zuvorkommend und stellen Dir einiges an Verpackungsmaterial bereit. Achte darauf, die Kartons nicht zu schwer zu beladen, sondern verteile die schweren Sachen auf mehrere Kartons, damit das Gewicht eines einzelnen im Rahmen bleibt. Gerade wenn Du in eine Dachgeschosswohnung ziehst, wird das Schleppen eine echte Qual werden. Am Ende solltest Du jeden Karton beschriften, damit Du später weißt, was drin ist und Dir lästiges Durchwühlen sparen kannst. Dabei solltest Du auch aufschreiben, in welches Zimmer der jeweilige Karton gehört. Somit können die Helfer Deine Sachen direkt in den richtigen Raum stellen. Denn später sind sie nicht mehr da und wenn alles kreuz und quer platziert wurde, dann darfst Du auf eigene Faust umdisponieren.

Für den **Transport** benötigst Du ein großes Auto. Es wird wahrscheinlich nicht nötig sein, ein Umzugsunternehmen zu engagieren. Das würde nur Sinn machen, wenn Du wirklich viel Hab und Gut transportieren möchtest und ausreichend Kleingeld übrig hast, um die Firma zu bezahlen. Im Idealfall hat jemand aus Deinem Familien-, Freundes- oder Bekanntenkreis einen Bulli, den Du ausleihen kannst. Ansonsten wirst Du etwas Geld für einen **Mietwagen** investieren müssen. Mit dem Führerschein der Klasse B kannst Du Fahrzeuge bis 3,5 Tonnen fahren. Wenn Du Student bist, dann frag mal nach einem Studentenrabatt. Denn in manchen Städten werben Car-Sharing-Anbieter mit Sonderkonditionen für Studentenumzüge. Beim Stapeln kommen die schweren und stabilen Sachen nach unten. Obendrauf kannst Du dann bis unter die Decke alles packen, was leicht und weich ist, wie der Berg an Kleidersäcken, Couchkissen usw.

Website des Car-Sharing-Verbands mit einer Liste von Anbietern
- www.carsharing.de/cs-standorte

Website zum Car-Sharing der Deutschen Bahn
- www.flinkster.de
- www.stadtmobil.de

Die meisten Wohnungen sind beim Einzug komplett mit weißen Wänden ausgestattet. Wenn es einen Anstrich gibt, dann wird meistens vorab mit dem Vermieter und dem Vormieter geklärt, ob Du diesen übernehmen willst, der Vormieter die Wände in den Ursprungszustand zurückversetzen muss oder ob diese Aufgabe am Ende Dir zufällt. Wenn Du **renovieren** möchtest, dann solltest Du Dich mit Licht ausstatten, falls die Arbeiten sich mal bis in die späten Abendstunden hinziehen. Eine Tischlampe wäre schon ganz O.K., aber besser ist eine Arbeitsleuchte aus dem Baumarkt. Kram Dir ein paar Deiner alten Klamotten heraus, die ruhig schmutzig werden dürfen, und rüste Dich mit dem nötigen Equipment aus. Dazu zählen eine Standleiter, alte Zeitungen oder Folien, um den Fußboden damit abzudecken, und Kreppband zum Abkleben von Steckdosen, Tür- und Fensterrahmen, Lichtschalter usw. Zum Streichen benötigst Du Malerrollen, ein Abtropfgitter für die Farbe und einen Pinsel für den Feinanstrich. Das alles findest Du im Baumarkt. Aber wahrscheinlich wirst Du auch fündig, wenn Du bei Freunden und Bekannten nachfragst. Bevor Du die Farbe einkaufst, solltest Du vorher die Wände ausmessen, welche Du streichen willst. Somit weißt Du, wie viel Du einkaufen musst. Denn auf den Farbeimern steht die ungefähre Menge an Farbe pro Quadratmeter, die Du benötigen wirst.

Bei **größeren Umbauten**, die sich auf die Bausubstanz der Wohnung auswirken, brauchst Du eine schriftliche Genehmigung des Vermieters. Wenn Du ohne Erlaubnis damit beginnst, einen neuen Bodenbelag zu verlegen, dann wirst Du beim Auszug mit hohen Schadenersatzansprüchen rechnen müssen. Aber da es sich um Deine erste eigene Wohnung handelt, wird dieses Thema wahrscheinlich ohnehin nicht relevant sein. Denke auch immer daran, die Wohnung ausreichend zu lüften, um Schimmel zu vermeiden. Reiße Fenster und Türen für fünf Minuten weit auf und sorge für Durchzug. Das ist besser, als die Fenster dauerhaft auf Kippe zu lassen. Denke auch daran, beim Lüften die Heizung abzustellen.

Du darfst auch mit Bohrer oder Hammer und Nagel Löcher in die Wand setzen, um Schränke, Bilder oder Ähnliches zu befestigen. Wenn Du nur für kurze Zeit in der Wohnung leben möchtest, dann solltest Du die Anzahl der Löcher besser gering halten. Denn auch hier musst Du bei Deinem Auszug ran und alles in den Ursprungszustand versetzen. Ganz wichtig: Informiere Dich vorab, wo die Elektroleitungen in den Wänden lang führen. Diese befinden sich in der Regel über und unter sowie links und rechts von Steckdosen und Lichtschaltern. Im Baumarkt kannst Du Dir für recht wenig Geld einen Leitungsfinder beschaffen, mit dem Du die Elektroleitungen ausfindig machen kannst. Wenn Du das Gerät an die Wände hältst, dann beginnt es zu piepen, wenn sich dahinter eine Leitung befindet. Außerdem musst Du unbedingt vor dem Bohren und Nageln den Strom für den jeweiligen Raum abschalten. Dazu gehst Du an den Sicherungskasten

Deiner Wohnung und legst den entsprechenden Schalter um. Meistens hat der Vermieter am Kasten eine Beschriftung angebracht, welcher Schalter welchen Bereich der Wohnung abdeckt. Mithilfe eines Verlängerungskabels kannst Du den Strom für die Bohrmaschine aus einem anderen Zimmer beziehen.

Während der Wasserverbrauch meistens mit den Nebenkosten abgedeckt ist, musst Du für Dein **Internet, Telefon und Strom** einen passenden Anbieter finden. Manche Vermieter haben auch bevorzugte Stromanbieter aus der Region und bieten Dir an, die Anmeldung zu organisieren. Verlassen kannst Du Dich darauf aber nicht. Zudem kann es sinnvoll sein, sich selbst nach günstigen Anbietern zu erkundigen. Aufs Jahr gerechnet kannst Du damit viel Geld sparen, als wenn Du übertreuerten Strom kaufst. Vielleicht hast Du auch besondere Ansprüche an den Anbieter, wie beispielsweise den Bezug von Ökostrom, welcher aus erneuerbaren Energien stammt. Bei Telefon und Internet hast Du die Qual der Wahl. Die großen Anbieter sind hier Telekom, Vodafone und O_2. Die Telekom zählt dabei als hochpreisiger Anbieter und O_2 als eine günstige Alternative. Neben dem Preis zählt aber natürlich auch die Leistung. Das ist für die meisten in erster Linie die Downloadgeschwindigkeit. Je schneller die Leitung, desto höher der Preis. Es muss aber nicht unbedingt die Glasfasergeschwindigkeit sein, wenn Du Deine Freizeit nicht mit Dauerstreamen von hochauflösenden Filmen und Serien oder Online-Gaming mittels PC oder Spielekonsolen verbringst. Schau Dir also an, wofür Du das Internet hauptsächlich nutzt. Übrigens: Wenn Du einen Tarif mit 100Mbit/s abschließt, dann ist das die maximale Geschwindigkeit, die erreicht werden kann. Am Ende kommt vielerorts tatsächlich nur die Hälfte davon an.

Nicht vergessen: Melde Dich in Deiner neuen Stadt an

Du bist verpflichtet dem **Einwohnermeldeamt** innerhalb einer Woche Deine neue Adresse mitzuteilen. Andernfalls droht ein Bußgeld. Dazu kannst Du Dich persönlich beim Amt melden und einen Termin vereinbaren. Es gibt aber auch Vordrucke, die Du sicher auf der Website Deiner neuen Stadt findest. Anschließend wird Dein Personalausweis mit der neuen Adresse aktualisiert. Es kann sein, dass eine Gebühr fällig wird. Wenn Du also nicht sicher bist, dann nimm vorsichtshalber etwas Geld mit zum Termin. Die meisten Städte versenden an ihre neuen Bürger ein Willkommenspaket mit Stadtplan, Gutscheinen oder weiteren Informationen über die Vorzüge der Stadt. Du musst Dich festlegen, ob die neue Adresse Dein **Haupt- oder Zweitwohnsitz** ist. Wenn Du zum Beispiel als Student in eine neue Stadt ins Wohnheim ziehst und an den Wochenenden nach Hause fährst und weiterhin bei Deinen Eltern wohnst, dann hast Du im Grunde zwei Adressen, unter denen Du zu finden bist. Hierbei solltest Du wissen, dass viele Orte eine **Zweitwohnsteuer** erheben, wenn ein Zweitwohnsitz angemeldet ist. Wenn Du also das Zimmer Deiner Eltern als Zweitwohnsitz angibst, dann kann es passieren, dass Du dafür plötzlich Geld an den Staat zahlen musst. Es macht wahrscheinlich am meisten Sinn, wenn Du Deinen neuen Wohnort als Hauptwohnsitz angibst. Du kannst Dich vorab beim Einwohnermeldeamt Deiner alten Stadt schlaumachen, ob sie eine Zweitwohnsteuer fordert. Wenn dem so ist, dann verzichtest Du am besten darauf, das Zimmer bei Deinen Eltern als Zweitwohnsitz anzugeben und machst lediglich Deine neue Adresse zum offiziellen Hauptwohnsitz. Das ist dann auch die Stadt, in der Du wählen gehst und beispielsweise den Bürgermeister mitbestimmen kannst.

Nachdem Deine neue Adresse im Personalausweis steht, musst Du sie allen wichtigen Kontaktpersonen mitteilen wie dem Arbeitgeber, Deiner Bank, Deiner Versicherung, dem Anbieter Deines Zeitschriftenabos, Freunden und Verwandten usw. Dafür kannst Du entsprechende Postkarten und Aufkleber verwenden, die Du bei der Post oder dem Einwohnermeldeamt erhältst. Genauso eignet sich auch eine Rundmail an alle Kontakte. Dabei solltest Du die Empfänger im Feld „BCC" eintragen, damit nicht jeder sehen kann, an wen die Mail noch alles rausging. Zusätzlich kannst Du einen Nachsendeauftrag bei der Post schalten. Die Post wird für einen bestimmten Zeitraum jedes Schreiben, welches noch an Deine alte Adresse gehen sollte, automatisch an die neue weiterleiten. Abhängig davon, ob Du den Nachsendeauftrag für ein halbes oder ein ganzes Jahr einrichtest, musst Du mit einer Gebühr zwischen 20€ und 30€ rechnen. Die Preise ändern sich immer wieder mal.

- www.nachsendeauftrag.de

GEZ – Der Rundfunkbeitrag

Jeder Haushalt in Deutschland ist dazu verpflichtet den Rundfunkbeitrag, auch heute noch als GEZ-Beitrag bekannt, zu zahlen. Mit dem Geld werden öffentlich-rechtliche Fernsehsender und Radiosender finanziert wie ARD, 1Live, 3sat, Arte und noch einige weitere. Diese Sender sollen die Aufgabe haben, die Menschen im Land zu informieren, daher müssen die Bürger auch zahlen. Ob sie die Sender tatsächlich nutzen oder nicht, ist dabei egal. Im Gegensatz dazu finanzieren sich private Sender wie Pro7, RTL, VOX oder Sat.1 über die Werbung. Jeder Haushalt zahlt genau einen Beitrag, unabhängig davon, wie viele Personen dort leben oder wie viele Fernseher, Computer und Radios dort stehen. Wenn Du also ein paar Mitbewohner hast, dann könnt ihr die Kosten unter euch aufteilen. Einer von euch muss aber angemeldet sein und ist demnach für die Zahlung des Beitrags verantwortlich. Wenn Du BAföG beziehst, dann kannst Du Dich vom Rundfunkbeitrag befreien lassen. Auf der Website des Rundfunkbeitrags findest Du das erforderliche Formular. Wenn einer Deiner Mitbewohner keinen Anspruch auf eine Ermäßigung oder Befreiung des Beitrags hat, dann muss sich die Person selbst anmelden und den vollen Beitrag zahlen.

Website des Rundfunkbeitrags

- www.rundfunkbeitrag.de

Hier findest Du die Anträge zur Ermäßigung und Befreiung des Rundfunkbeitrags

- www.rundfunkbeitrag.de/formulare/buergerinnen_und_buerger/antrag_auf_befreiung

Wohngeld

Jeder, der zur Miete wohnt und ein geringes Einkommen hat, kann vom Sozialamt einen Zuschuss beantragen. Dieser Zuschuss wird als Wohngeld bezeichnet. Wenn Du bereits finanzielle Hilfe vom Staat wie BAföG oder Berufsausbildungsbeihilfe (BAB) bekommst, dann hast Du keinen Anspruch auf Wohngeld. Zudem wird genau geschaut, ob der Wohnraum für die Anzahl der Personen angemessen ist. Das heißt, dass Deine Wohnung gerade das Nötigste vorweisen soll und entsprechend günstig angesetzt ist. Ein Zuschuss für eine Penthouse-Suite wird also nicht funktionieren. Wie bei so ziemlich allen staatlichen Hilfen müssen alle Einkünfte des Haushalts offengelegt werden. Das gilt auch für eine mögliche Unterstützung der Eltern oder Entnahmen und Zinserträge aus eigenem Vermögen, wie etwa aus Sparbüchern. Für eine WG bedeutet das, dass alle Mitglieder wohngeldberechtigt sein müssen oder ihr müsst nachweisen, dass es sich um eine reine Zweckgemeinschaft handelt. Im Internet findest Du einen Wohngeldrechner, mit dem Du die voraussichtliche Höhe Deines Zuschusses herausfinden kannst:

- www.wohngeld.org/wohngeldrechner.html

Autofahren ohne Eltern im Nacken

Wenn Du den Führerschein ab 17 Jahren (BF17) gemacht hast, dann kannst Du mit der Volljährigkeit nun Auto fahren ohne Begleitperson. Diese volle Fahrerlaubnis wird auch in vielen Ländern außerhalb Deutschlands anerkannt. Neben dem Auto darfst Du mit 18 Jahren auch die volle Fahrerlaubnis für andere Führerscheinklassen erwerben.

Führerscheinklasse A1: Leichtkrafträder bis 100km/h

Eingeschränkte Führerscheinklasse A: Motorrad bis max. 25 kW

Führerscheinklasse B: Fahrzeug bis 3,5t und nicht mehr als acht Sitzplätze (Pkw und Kleintransporter)

Führerscheinklasse C: Lkw über 7,5t ohne gewerblichen Transport

Führerscheinklasse C1: Lkw bis 7,5t ohne gewerblichen Transport

Führerscheinklasse T: Landwirtschaftliche Nutzfahrzeuge

Die uneingeschränkte Erlaubnis, Motorräder ohne Geschwindigkeitsbegrenzung zu fahren, wird Dir erst mit 20 Jahren gestattet, wenn Du vorher bereits die eingeschränkte Fahrerlaubnis der Führerscheinklasse A hattest. Liegt die eingeschränkte Fahrerlaubnis für Motorräder nicht vor, dann entfällt die Leistungsbeschränkung erst mit dem 25. Lebensjahr. Die Fahrerlaubnis für Busse und Lkws, die für eine gewerbliche Beförderung gefahren werden sollen, darfst Du erst mit 21 Jahren erwerben.

Eine passende Fahrschule finden

Fahrschulen bieten ganz unterschiedliche Preise für ihre Fahrstunden. Daher ist hier ein ausgiebiger Preisvergleich gefragt. Achte dabei auf die unterschiedlichen Preise von einfachen Übungsfahrten und Sonderfahrten. Denn Fahrschulen können sehr günstige Sonderfahrten bewerben, dafür zahlst Du aber deutlich mehr bei den sonstigen Fahrstunden. Wie viel Dich der Führerschein am Ende kosten wird, hängt maßgeblich davon ab, wie viele weitere Fahrstunden Du über die vorgeschriebenen Fahrten hinaus absolvieren musst. Das lässt sich im Voraus nicht festlegen, daher Vorsicht bei Angeboten, bei denen die Fahrschule bereits von Beginn an einen festen Preis angibt. Grundsätzlich solltest Du auf etwa 1500€ kommen. Frage in Deinem Freundes- und Bekanntenkreis nach, was die Leute für Erfahrungen mit den einzelnen Fahrschulen hatten. Manchmal sticht eine besonders positiv oder negativ hervor, was Dir bei Deiner Entscheidung sicherlich helfen wird. Wenn Du Dich festgelegt hast, dann wird Dir ein Fahrlehrer zugeteilt, der für Deine Ausbildung am Steuer verantwortlich ist. Hier sollte die Chemie stimmen. Wenn Du mit Deinem Fahrlehrer nicht klarkommst, dann solltest Du ruhigen Gewissens um einen neuen bitten können. Im Notfall ist auch der Wechsel der Fahrschule möglich. Denn diese ist dazu verpflichtet, Dir über die bisherigen Theorie- und Praxisstunden eine Bescheinigung auszustellen, um einen nahtlosen Übergang zu einer anderen Fahrschule zu gewährleisten.

Um Deine Fahrerlaubnis zu erwerben, musst Du vorab einen **Erste-Hilfe-Kurs** besuchen. Deine Fahrschule wird dieses Thema sicherlich ansprechen und eine Liste mit möglichen Terminen und Orten griffbereit haben. Andernfalls werden Erste-Hilfe-Kurse vom Deutschen Roten Kreuz, dem Malteser Hilfsdienst oder dem Arbeiter-Samariter-Bund angeboten. Um an dem Kurs teilnehmen zu können, wirst Du mit einer Gebühr zwischen 20€ und 30€ rechnen können. Im besten Fall organisiert die Fahrschule die Kurse so, dass Du im Rahmen der Veranstaltung auch den notwendigen **Führerschein-Sehtest** machen kannst. Denn auch ohne den gibt es keinen Führerschein. Ansonsten kannst Du den Sehtest auch bei Optikern und Augenärzten durchführen lassen. Hier kostet der Test meistens unter 10€. In vielen Fällen ist er sogar komplett kostenlos.

Um Deinen Führerschein nach erfolgreicher Prüfung zu erhalten, musst Du einen Antrag bei der Fahrerlaubnisbehörde stellen. Dieser Antrag wird normalerweise zusammen mit der Fahrschule ausgefüllt und versendet. Du kannst Deinen Führerschein schon während der Fahrausbildung beantragen, aber mindestens fünf bis sechs Monate bevor Du das gesetzlich vorgeschriebenen Mindestalter erreichst. Also entweder das 17. oder das 18. Lebensjahr. In manchen Fällen kann es vorkommen, dass die Behörde möchte, dass Du persönlich dort erscheinst. In dem Fall wirst Du dieser Bitte nachkommen müssen. Dem Antrag zur Ausstellung des Führerscheins musst Du folgende Unterlagen beilegen:

- Kopie des Personalausweises oder Reisepasses
- Biometrisches Passfoto
- Bescheinigung über die Teilnahme an einem Erste-Hilfe-Kurs
- Sehtestbescheinigung
- Bescheinigung der Fahrschule, dass Du dort als Schüler angemeldet bist

Zudem wird eine Antragsgebühr fällig. Die Höhe unterscheidet sich je nach Behörde und Führerscheinklasse. Du kannst mit einer Gebühr zwischen 40€ und 50€ rechnen.

Erste-Hilfe-Kurse des Deutschen Roten Kreuzes
- www.drk.de/angebote/erste-hilfe-und-rettung/kurse-in-erster-hilfe.html

Erste-Hilfe-Kurse des Malteser-Hilfsdiensts
- www.malteser.de/erste-hilfe-und-pflege-kurse-buchen/fuehrerscheinkurse.html

Erste-Hilfe-Kurse des Arbeiter-Samariter-Bunds
- www.asb.de/unsere-angebote/erste-hilfe/erste-hilfe-kurse-fuehrerschein

Wenn Du es besonders eilig mit dem Führerschein hast, dann kannst Du eine **Intensivausbildung** in Anspruch nehmen. Somit würdest Du Deinen Führerschein in etwa einem Monat in der Tasche haben. In dem Fall musst Du sechs Wochen vor Beginn des Fahrschulunterrichts einen Antrag bei der Fahrerlaubnisbehörde stellen. Nachdem die Genehmigung vorliegt, darfst Du an der theoretischen und praktischen Prüfung teilnehmen. Du solltest wissen, dass so eine schnelle Ausbildung sehr viel von Dir abverlangen wird. Wenn Du also nicht unter Prüfungsangst leidest und gut mit Stress umgehen kannst, dann wäre die

Intensivausbildung eine Möglichkeit für Dich. Sollte sich im Verlauf der Ausbildung herausstellen, dass Du doch etwas mehr Zeit benötigst, dann ist ein Wechsel zur gängigen Ausbildung in der Regel kein Problem. Vorsichtshalber solltest Du aber diesen Punkt im Gespräch mit der Fahrschule klären.

Theorie- und Praxisprüfung

Während Deiner Ausbildung wirst Du im Rahmen von Theoriestunden im Unterricht sitzen und daneben in den Praxisstunden mit dem Auto und dem Fahrerlehrer unterwegs sein. Bei den Fahrstunden gibt es die Grundausbildung, Sonderfahrten auf Landstraßen, Autobahnen und bei Nacht sowie Ausbildungsfahrten. Zum Ende kommt dann die Vorbereitung auf die praktische Prüfung. Dabei wird Dein Fahrlehrer bestimmte Prüfungssituationen nachstellen und Deine Reaktionen beurteilen. Wenn Du meinst, dass Du noch nicht bereit für die Prüfung bist, dann nimm vorsichtshalber noch eine weitere Fahrstunde. Das ist nicht so teuer, als wenn Du durch die Prüfung fällst.

Du kannst Deine Theorieprüfung frühestens drei Monate vor Deinem 18. Geburtstag abschließen. Den Führerschein erhältst Du aber trotzdem erst mit der Volljährigkeit ausgehändigt. Die Fragen in den Prüfungsbögen sind oft so formuliert, dass sie sich nur in einem kleinen Detail von den Übungsbögen unterscheiden. Deshalb solltest Du die Fragen konzentriert durchlesen und genau schauen, ob sich im Satz beispielsweise das Wort „nicht" versteckt hat. Um bestmöglich in die Prüfung reinzugehen, kannst Du die Bögen auch online üben: www.fuehrerscheintest-online.de/klasse-b

Die praktische Prüfung geht 45 Minuten lang. Dein Fahrlehrer sitzt wie gewohnt neben Dir und der Prüfer nimmt auf dem Rücksitz Platz. Das kann einen schon mal nervös machen, was vollkommen O.K. ist. Konzentriere Dich auf die Straße und auf die Anweisungen des Prüfers und bete, dass er Dir eine einfache Strecke und breite Parklücken gibt. Ist die Prüfung bestanden, ist der Führerschein gesichert. Allerdings bist Du zunächst einmal als Fahranfänger gebrandmarkt und unterliegst einer strengen Beobachtung. Du hast eine Probezeit von zwei Jahren, in denen ein absolutes Alkoholverbot gilt. Bei Verstoß kannst Du eine Nachschulung machen müssen, Deine Probezeit wird verlängert oder der Führerschein wird gleich eingezogen.

Das erste eigene Auto

Dein erstes eigenes Auto wird ein großer Meilenstein in Deinem Leben sein. Damit verbunden ist eine spürbar große Freiheit, da Du jetzt in der Lage bist, Dich jederzeit ans Steuer zu setzen und einfach loszufahren wohin Du willst. Es ist aber auch eine Menge Verantwortung damit verbunden und ein wenig Planung sowie ein finanzielles Polster würden nicht schaden. Denn ein Fahrzeug ist immer mit laufenden Kosten verbunden, welche je nach Fahrzeugtyp, Kraftstoff, Nutzung usw. stark variieren können. Überlege Dir vorher, wofür Du Dein Auto hauptsächlich nutzen möchtest und richte danach Deine Kaufentscheidung aus. Viele junge Menschen träumen vom großen Luxuswagen oder dem schicken Sportwagen, der alle Blicke auf sich lenkt. Diese Autos sind aber sehr kostspielig. Ein Auto zu kaufen ist die eine Sache, es im Nachhinein zu halten noch mal eine ganz andere. Im Moment solltest Du Dich in erster Linie darauf konzentrieren, Dich mit beiden Beinen standfest im Leben aufzustellen. Dazu zählt eine gute Ausbildung, viele neue Erfahrungen und eben auch finanzielle Rücklagen. Letzteres kann von einem Auto schnell aufgefressen werden und Dir bleibt kein Notgroschen, wenn es mal eng wird. Wähle Dein erstes Auto also mit Bedacht. Schließlich hast Du noch alle Zeit der Welt, um Dir später Dein Traumauto zu kaufen und es Dir auch leisten zu können. Gerade zu Beginn Deiner Volljährigkeit erwartet jedoch keiner von Dir, dass Du das teuerste und beste Auto fährst. Menschen, die versuchen Dir einzureden, dass es ohne solch ein Auto nicht geht, fahren entweder kein Auto oder sie zahlen nicht selbst dafür. Auch wenn Du Dir zunächst einen kleineren Pkw anschaffst, wirst Du viel Freude damit haben. Du bist unabhängig von Wind und Wetter sowie den öffentlichen Verkehrsmitteln und bestimmst selbst, wann und wohin die Reise geht.

Neu- oder Gebrauchtwagen?

Die meisten jungen Leute sind zunächst auf einen **Gebrauchtwagen** angewiesen. Schließlich kann man hier bei der Anschaffung eine Menge Geld sparen. Im ersten Schritt kannst Du Dich in den Anzeigen Deiner Lokalzeitung und in Autohäusern umsehen. Dadurch verschaffst Du Dir einen Überblick über eine mögliche Auswahl und kannst Dir schon mal ein paar Favoriten raussuchen. Mithilfe des TÜV-Reports kannst Du Dich vorab informieren, worauf Du genau bei der Autobesichtigung zu achten hast. Denn hier werden unter anderem die Schwachstellen von hunderten von Fahrzeugtypen aufgezählt und nach Baujahren differenziert. Du wirst ein Auto entweder von einem Autohaus oder von einer Privatperson kaufen. Bei privaten Verkäufern gibt es oft die günstigeren Preise. Allerdings hast Du im Autohaus eine professionellere Vertragsabwicklung samt Reklamations- und Garantieansprüchen. Zudem hast Du dort immer einen festen Ansprechpartner. Wenn Du jemanden kennst, der wirklich fit bei dem Thema Autos ist, dann nimm diese Person am besten mit zur Besichtigung. Auf diese Weise könnt ihr Mängel besser entdecken und beanstanden. Als Hilfestellung ist eine Checkliste empfehlenswert, da es viele Punkte gibt, die bei einem Besichtigungstermin in die Agenda fallen sollten:

- Hat das Auto bereits Unfallschäden erlitten? Gibt es Nachweise für gemachte Reparaturen?
- Wann stehen die nächste Hauptgas- und Abgasuntersuchung an?
- Sind alle wichtigen Unterlagen vorhanden und gepflegt? Der Verkäufer soll Dir Scheckheft, Belege und TÜV-Protokoll vorlegen.
- Lässt sich am Preis noch was machen? Gerade wenn Du Mängel am Fahrzeug festgestellt hast, die in der Anzeige nicht erwähnt wurden, kannst Du damit gut den Preis drücken.
- Mache eine Probefahrt mit dem Auto.

Wenn Du Dich selbst ans Steuer setzt und das Auto ein paar Runden lang fährst, kannst Du das Fahrverhalten besser beurteilen und mögliche Geräusche wahrnehmen, die eigentlich nicht sein sollten. Der Verkäufer ist dazu verpflichtet, Dich über alle sichtbaren und ihm bekannten Mängel zu informieren. Andernfalls darfst Du den Wagen reklamieren. Wenn Du selbst nicht der große Autoexperte bist und auch niemanden an der Seite hast, der sich auskennt, dann hast Du im Grunde zwei Möglichkeiten. Du kannst dem Verkäufer vertrauen und auf seine Ehrlichkeit setzen. Wenn Du viel Geld für das Auto dalässt, dann würden wir Dir davon abraten. Du kannst bei einer Werkstatt oder einer Kfz-Prüfstelle einen **Zustandsbericht** vom gewünschten Auto anfertigen lassen.

Allerdings wirst Du so schnell mal um die 100€ loswerden. Es kann sich aber lohnen. Möglicherweise beteiligt sich der Verkäufer an den Kosten. Schließlich würde er bei einer guten Beurteilung den Wagen schneller verkaufen können. Sollte er sich aber gegen die Erstellung eines Zustandsberichts wehren, obwohl Du die vollen Kosten übernehmen würdest, dann lass die Finger vom Autokauf. Es muss natürlich nichts bedeuten, ist aber schon sehr verdächtig und meistens sollen damit Mängel verschwiegen werden. Daneben kannst Du noch einen Schritt weiter gehen und ein **Wertgutachten** erstellen lassen. Damit würde man zusätzlich den Wert des Autos ermitteln. Wenn Du Dich aber ausreichend auf Autobörsen im Internet umschaust und Autos vergleichst, bekommst Du auch ohne Wertgutachten ein gutes Gespür für einen angemessenen Kaufpreis. Dieses würde Dich nämlich um die 250€ kosten.

Wenn Du Dir einen Gebrauchtwagen anschaffst, dann solltest Du über den Erwerb einer **Pannenhilfe** nachdenken. Denn es kann vorkommen, dass trotz gründlicher Eigeninspektion, der Motor mitten bei der Fahrt streikt und das Auto bleibt stehen. In dem Fall würde das Abschleppen hunderte von Euro kosten. Stattdessen kannst Du Mitglied in einem Pannen- und Unfallhilfedienst werden. Der bekannteste ist der ADAC. Aber auch der ACE (Automobilclub Europa) oder der VCD (Verkehrsclub Deutschland) kann einen Blick wert sein. Fahranfängern werden oft Einsteigerrabatte angeboten oder sogar die Möglichkeit einer einjährigen kostenlosen Mitgliedschaft. Wenn Du jemanden aus Deinem Umfeld kennst, der in so einem Club bereits Mitglied ist, dann lass Dich von dieser Person anwerben. Damit erhaltet ihr beiden meistens Boni oder Vergünstigungen. Wenn Du ein günstiges Angebot für Neulinge entdeckt hast, dann prüfe unbedingt, wie lange der ermäßigte Preis gültig ist und was Du am Ende zahlen musst. Wenn Du aus einem dieser Clubs austreten möchtest, dann musst Du die Kündigungsfrist im Auge behalten, welche meistens drei Monate beträgt.

Bei einem **Neuwagen** ist der Händler gesetzlich dazu verpflichtet zwei Jahre lang für Sachmängel aufzukommen. Daher kannst Du hier sicher sein, dass Du nach zwei Jahren kein neues brauchst, weil das alte allmählich auseinander fällt. Derselbe Wagen bei verschiedenen Händlern kann unterschiedliche Preise haben. Deshalb nimm Dir etwas Zeit und besuche ein paar Autohäuser, um die Preise miteinander zu vergleichen. Denn so ein Neuwagen ist kostspielig. Im besten Fall bist Du in der Lage das Auto mit einer einzigen Zahlung zu kaufen.

Der Händler wird Dir auch einen **Kauf auf Raten** anbieten können, wovon Du aber die Finger lassen solltest. Mit einem Kredit bindest Du Dich für eine längere Zeit an eine Bank und musst regelmäßig die Rückzahlung leisten. Das wird Dein monatliches Einkommen deutlich nach unten treiben. Möglicherweise zahlst Du am Ende das Geld länger zurück, als das Auto gefahren ist. Einen Kredit solltest Du nur im absoluten Notfall aufnehmen. Wenn Du also dringend auf dieses Auto angewiesen bist und sonst alle Möglichkeiten ausgeschöpft sind. In dem Fall solltest Du aber nicht direkt das Kreditangebot vom Händler unterschreiben, sondern Dich auf eigene Faust bei Banken umhören und Angebote einholen. Meistens wirst Du so bessere Konditionen erhalten. Als kleiner Tipp zum Geldsparen: Wenn Du bei Deiner Suche nach der Bezeichnung „EU-Neuwagenhändler" Ausschau hältst, findest Du vielleicht einen solchen Händler in Deiner Nähe. Denn hier werden Autos verkauft, die in anderen EU-Ländern für günstigere Preise erworben wurden und deshalb auch hierzulande weniger kosten.

Websites der bekanntesten deutschen Autobörsen
- www.mobile.de
- www.autoscout24.de
- www.auto.de
- www.12gebrauchtwagen.de
- www.pkw.de

Websites der Autoclubs
- www.jungesportal.de (ADAC)
- www.ace-online.de
- www.vcd.org

Checkliste zur Autoanmeldung

Bevor Du zu Deinem zuständigen Straßenverkehrsamt gehst, musst Du Dich um Deine Kfz-Haftpflichtversicherung kümmern. Vorher gibt es keine Zulassung. Die Haftpflichtversicherung schützt Dich vor Schäden, die Du anderen Menschen durch die Nutzung Deines Autos zufügst. Wenn Du eine andere Person anfährst, dann entsteht schnell mal ein Berg an Kosten für Krankenhausaufenthalt, Reha-Maßnahmen, Ausgleich des Verdienstausfalls usw. Damit nicht jeder von uns gleich in die Privatinsolvenz rutscht, wenn im Straßenverkehr was schiefgelaufen ist, hat der Gesetzgeber jeden Autofahrer dazu verpflichtet, eine Kfz-Haftpflichtversicherung abzuschließen. Deshalb musst Du dem Straßenverkehrsamt bei der Anmeldung Deines Fahrzeugs einen Versicherungsnachweis vorlegen. Das heißt, Du solltest vorab mit dem Kundenbetreuer Deiner Versicherung darüber sprechen. Wenn er Dir ein gutes Angebot macht, welches Du akzeptierst, dann erhältst Du eine sogenannte eVB-Nummer (Elektronische Versicherungsbestätigung), welche schnell generiert ist und mittlerweile auch bequem per Mail oder WhatsApp verschickt werden kann. Das ist hilfreich, wenn man mal auf die Schnelle ein Auto gekauft hat und es direkt anmelden möchte. Nun kannst Du Dich mit folgenden Dingen im Gepäck zum Straßenverkehrsamt machen:

- Fahrzeugschein und Fahrzeugbrief (Zulassungsbescheinigung Teil I und II)
- Personalausweis oder Reisepass
- Deine alten Autokennzeichen, die bis jetzt gültig waren
- Bescheinigung der letzten Haupt- und Abgasuntersuchung
- eVB-Nummer (Versicherungsbestätigung)
- Geld, um die Gebühr zu bezahlen

Ein Auto kostet Geld, nicht nur beim Kauf!

Neben all den Annehmlichkeiten, die ein Auto Dir schenken wird, gibt es auch einiges an Kosten, die Du im Blick haben solltest. Schauen wir uns zunächst die fixen Kosten an:

- Du bist gesetzlich verpflichtet, eine **Kfz-Haftpflichtversicherung** abzuschließen. Diese greift dann, wenn Du mit Deinem Auto einem anderen Schaden zugefügt hast (Personen-, Sach- oder Vermögensschaden).

- Wenn Du möchtest, kannst Du im Falle eines Schadens auch Dein eigenes Auto versichern, dies wäre dann die Kasko-Versicherung. Hier unterscheidet man zwischen Teil- und Vollkasko.
    - **Teilkasko:** Sichert Schäden an Deinem eigenen Fahrzeug ab, die durch äußere Einflüsse entstanden sind, für die Du nichts kannst. Dazu zählen etwa Marderbisse, Unfälle mit Wildtieren oder Elementarschäden (Einwirkung von Naturgewalten).
    - **Vollkasko:** Sichert Dein Fahrzeug auch bei Unfällen ab, für die Du selbst verantwortlich bist sowie bei Vandalismus an Deinem Fahrzeug, etwa wenn jemand im Vorbeigehen mit dem Schlüssel Dein Auto zerkratzt.
    - **Aber Achtung:** Handelst Du grob fahrlässig oder sogar vorsätzlich, indem Du beispielsweise unter Alkohol- oder Drogeneinfluss einen Unfall verursacht hast, dann hat die Versicherung das Recht die Leistung zu verweigern oder Dich in Regress zu nehmen!
- Die Höhe der **Kfz-Steuer** ist abhängig von Deinem Fahrzeugtyp, insbesondere von der Kraftstoffart (Benzin oder Diesel) und Deiner Region.
- Kosten für **Haupt- und Abgasuntersuchung**. Hier hängt der Preis stark von der Werkstatt ab, die Du wählst.
- Darüber hinaus solltest Du Kosten fürs Parken berücksichtigen. In kleinen Provinzstädten gibt es noch in der Regel viele kostenlose Parkmöglichkeiten. In Großstädten hingegen ist dies kaum der Fall. Hier solltest Du mit 1,50€ bis 3€ pro Stunde Parkzeit rechnen. Wenn Du eine Wohnung in einem Mehrfamilienhaus mietest, dann kann es sein, dass eine extra Gebühr auf die Miete für einen Parkplatz oder eine Garage draufgeschlagen. Die Höhe kann unterschiedlich sein, bewegt sich aber meistens um die 20€ bis 30€ im Monat.

Neben den Fixkosten gibt es zudem variable Kosten, sogenannte Betriebskosten Deines Fahrzeugs, deren Höhe davon abhängt, wie oft Du Dein Auto nutzt. Hierbei fällt in erster Linie das Tanken ins Gewicht. Je nachdem, welchen Kraftstoff Du benötigst (Diesel, Benzin, Strom, Erdgas), können die Kosten hier stark schwanken. Fährst Du einen Benziner und tankst Superbenzin, dann kannst Du bei moderater Nutzung Deines Autos mit 30€ bis 50€ pro Woche rechnen. Daneben fallen weitere Kosten an, etwa für die Reinigung und Pflege des Autos wie Autostaubsauger, Waschanlage oder Druckluftmessung. Auf das Jahr gesehen kannst Du hier mit 200€ bis 250€ rechnen. Das hängt natürlich ganz davon ab, wie oft Du Dein Auto sauber machen musst und willst.

Ein großer Kostentreiber, den viele junge Menschen nicht im Blick haben, sind Reparaturen. Gerade wenn Du ein gebrauchtes Auto, welches bereits viele Kilometer auf dem Tacho hat, von einem Privatanbieter kaufst, musst Du damit rechnen, dass auf kurz oder lang eine Reparatur fällig wird oder ein Autoteil ausgetauscht werden muss. Auch hier solltest Du die Angebote der einzelnen Werkstätten miteinander vergleichen. Neben Reparaturen stehen in der Werkstatt auch Ölwechsel, Reifenwechsel und gegebenenfalls die Einlagerung von Reifen an. Je nachdem, wie sehr Du Deine Reifen auslastest, musst Du Dir alle zwei bis drei Jahre neue zulegen. Es macht also Sinn, immer etwas Geld auf der hohen Kante für sein Auto bereitliegen zu haben. Die Kosten eines Werkstattbesuchs können ohne Probleme bei 300€ bis 500€ liegen. Wenn teure Autoteile im Eimer sind und ersetzt werden müssen, wird es noch mal deutlich mehr. Bei einem Neuwagen gibt es in der Regel eine Garantie, welche im Schadensfall greifen kann. Allerdings gilt diese nicht für alle Bestandteile Deines Pkws und schon gar nicht für Verschleißteile, welche ohnehin regelmäßig ausgetauscht werden müssen.

Teil III - Die Schule ist aus, so geht es weiter!

Es muss nicht zwangsläufig der Fall sein, dass Du mit 18 Jahren bereits im Berufsleben Fuß gefasst hast. Je nach schulischer Laufbahn und eigener Ambitionen, kann es sein, dass Du noch weiterhin zur Schule gehst, ein Studium begonnen hast oder bereits in der Ausbildung steckst. So oder so wirst Du aber irgendwann im Berufsleben landen. Hierbei gelten etwas andere Spielregeln, als es noch in der Schule oder der Uni der Fall war. Schließlich zahlt Dein Arbeitgeber Dir Geld und dafür sind bestimmte Erwartungen an Dich gerichtet. Allerdings zählt zum Berufsleben auch, dass Du lernst Dich vor Kollegen und Vorgesetzten zu behaupten und Dir nicht alles gefallen zu lassen. Möglicherweise hast Du bereits während der Schulzeit in den Ferien Nebenjobs bestritten, um Dir ein paar Euro dazuzuverdienen. Wenn dem so ist, dann zählt dies durchaus als erster Einstieg ins Arbeitsleben. Denn hier hast Du bereits erste Erfahrungen damit gesammelt, Dich in einem Job zurechtzufinden. Dasselbe gilt für alle Praktika, die Du bis hierhin absolviert hast. Du hast dabei einen ersten zwischenmenschlichen Umgang im Job kennengelernt, hast Arbeitszeiten eingehalten, Anweisungen befolgt und einen Einblick in Deine Stärken und Schwächen erhalten. All das kannst Du gezielt einsetzen und in die Entscheidung bezüglich Deiner Berufswahl miteinfließen lassen.

Das erwartet Dich nach der Schule - Lernpause

Die Schulzeit ist vorbei und Du hast keine Lust, Deinen nächsten Lebensabschnitt wieder mit Pauken zu beginnen? Möglicherweise hat es in diesem Jahr auch nicht mit einem Studienplatz oder einer Ausbildung geklappt? Wenn das der Fall, dann hast Du die Wahl zwischen ein paar Alternativen, um die Zeit sinnvoll zu überbrücken.

Bundeswehr

Die Wehrpflicht für Jungs existiert in Deutschland nicht mehr, allerdings hast Du die Möglichkeit, egal ob Mann oder Frau, einen Freiwilligen Wehrdienst (FWD) abzuleisten. Die Dauer kann individuell besprochen werden, maximal sind 23 Monate freiwilliger Wehrdienst möglich. Und dieser wird auch bezahlt. In den ersten sechs Monaten kannst Du mit etwa 800€ rechnen. Danach verdienst Du über 1.000€ monatlich. Wenn das für Dich interessant klingt, dann kannst Du Dich über die Karriere-Website der Bundeswehr weiter informieren:

- www.mil.bundeswehr-karriere.de/portal/a/milkarriere/ihrekarriere/fwdmp

Freiwilligendienste

Der Freiwilligendienst dauert im Regelfall zwölf Monate, Du kannst aber auch auf sechs Monate verkürzen oder auf 18 verlängern. Der **Bundesfreiwilligendienst (BFD)** könnte für Dich interessant sein, wenn Du Dich in einem kulturellen, sozialen oder ökologischen Bereich engagieren möchtest. Dabei kannst in unterschiedlichen Einrichtungen eingesetzt werden wie Sportvereine, Krankenhäuser, Jugendeinrichtungen, Kinderheimen usw. Grundsätzlich gilt der BFD, wie der Name schon sagt, als ein freiwilliges Engagement, Du leistest also einen unbezahlten Dienst ab. Allerdings steht Dir ein Taschengeld in Höhe von aktuell 423€ (Stand 2022) zu. Dies ist die gesetzliche Obergrenze. Was Du am Ende tatsächlich ausgezahlt bekommst, hängt unter anderem vom jeweiligen Träger und vom Umfang Deiner Tätigkeit ab, also ob Du beispielsweise Vollzeit oder nur Teilzeit arbeitest. Dabei bist Du in der gesetzlichen Sozialversicherung versichert (gesetzliche Krankenversicherung, Pflegeversicherung, Rentenversicherung, Unfallversicherung und Arbeitslosenversicherung). Die Beiträge werden vom Träger oder der Einsatzstelle gezahlt.

Freiwillige soziale Dienste sind ein wichtiger Bestandteil unserer Gesellschaft, ohne die vieles nicht so gut funktionieren würde, wie wir es gewohnt sind. Mit dem BFD leistest Du also einen wichtigen Beitrag und tust in jedem Fall etwas Gutes. Neben dem BFD hast Du auch die Möglichkeit, ein **freiwilliges soziales Jahr (FSJ)** oder ein **freiwilliges ökologisches Jahr (FÖJ)** zu machen. Die Europäische Union hat zudem den **Europäischen Freiwilligendienst (EFD)** ermöglicht. Dabei kannst Du Dein freiwilliges Engagement im Ausland verrichten. Du nimmst in einem Zeitraum zwischen zwei und zwölf Monaten an einem gemeinnützigen Projekt im Ausland teil. Die Einsatzgebiete sind sehr vielfältig. Du könntest zum Beispiel in einer Einrichtung für alte oder behinderte Menschen in Italien oder in einem Krankenhaus in Litauen arbeiten. Dabei musst Du im ersten Schritt eine Entsendeorganisation finden, welche entsprechende Projekte anbietet. Das kann ein Jugendverein oder eine Öko-Initiative sein. Diese Organisation findet dann gemeinsam mit Dir ein passendes Projekt im Ausland und kümmert sich um Dinge wie Hin- und Rückreise, Versicherung und den administrativen Part. Die Einrichtung, in der Du im Ausland eingesetzt wirst, ist für Verpflegung, Unterkunft sowie einen Sprachkurs zuständig. Die Höhe des Taschengeldes kann sich zwischen den verschiedenen Ländern unterscheiden. Der EFD erfreut sich jedes Jahr einer immer größer werdenden Beliebtheit. In der Regel gibt es hier mehr Bewerber als Auslandsstellen zu vergeben sind. Eine frühzeitige Kontaktaufnahme kann sich also für Dich lohnen.

Website des EFD
- www.go4europe.de

Liste mit Entsendeorganisationen
- www.europa.eu/youth/evs_database

Freiwilliges soziales Jahr (FSJ) und freiwilliges ökologisches Jahr (FÖJ)

Die Träger des FSJ oder FÖJ sind zum Beispiel das Deutsche Rote Kreuz, Kirchen oder Wohlfahrtsverbände. Du musst zwischen 16 und 27 Jahre alt sein und darfst Deine Tätigkeit im Grunde überall auf der Welt verrichten, vorausgesetzt Pandemien, Kriege und innere Unruhen machen Dir keinen Strich durch die Rechnung. Es muss sich lediglich der Hauptsitz der Organisation, über die Dein Auslandsprojekt läuft, in Deutschland befinden. Zu Beginn des FSJ oder FÖJ stehen fünf Wochen Bildungsprogramm auf dem Plan, in denen Du auf Deine neue Arbeit vorbereitet wirst. Wenn Du ins Ausland möchtest, kann zudem noch ein Sprachkurs hinzukommen. Das Taschengeld variiert sehr stark von Land zu Land und ist von den dortigen Lebenshaltungskosten abhängig. Auch hier solltest Du Dich rechtzeitig bewerben, da die Auslandsangebote gut nachgefragt und schnell vergriffen sind. Solltest Du keinen Platz bekommen, dann kannst Du Dich auch außerhalb der FSJ- und FÖJ-Programme bei Freiwilligenorganisationen bewerben. Wenn Du ins Ausland möchtest, dann solltest Du Dich vorab gut informieren, was Dich ein Auslandsaufenthalt bei den jeweiligen Organisationen kosten würde.

Bundesarbeitskreis FSJ
- www.pro-fsj.de

Adressen von Trägern des FÖJ im Ausland
- www.foej.de

Alles zu den Themen Freiwilligen- und Entwicklungsdienste
- www.entwicklungsdienst.de

Praktika

Ein Praktikum ist eine wunderbare Sache, um einen sanften Berufseinstieg mit Welpenschutz hinzubekommen und so erste Erfahrungen mit dem Arbeitsleben zu machen. Die meisten Praktika haben keine allzu lange Dauer, deshalb der Tipp: Nutze die Zeit und mach mehrere Praktika hintereinander. Auf diese Weise kannst Du viele unterschiedliche Eindrücke von Arbeitsstellen gewinnen. Insbesondere dann, wenn Du aktuell noch keinen Plan hast, wie Du Deine berufliche

Zukunft gestalten möchtest, wäre dies eine ideale Lösung. Am Ende eines jeden Praktikums lässt Du Dir zudem ein qualifiziertes Arbeitszeugnis ausstellen und hast damit für die nächste Bewerbungsphase einige Referenzen in der Hand. Vielleicht lässt sich eines der Praktika auch für ein Studium anrechnen. Nur mit der Bezahlung sieht es bei einem Praktikum eher mau aus. Viele Praktika werden entweder gar nicht bezahlt oder nur mit einem geringen Pauschalbetrag entlohnt. In speziellen Praktikumsbörsen kannst Du Dich über die verschiedenen Angebote informieren und schauen, ob eine passende Stelle für Dich dabei ist:

Praktikumsbörse von Unicum
- www.karriere.unicum.de/praktikum

Praktikum und jobben im Ausland

Wenn Du nach der Schule erst mal eine Pause vom Lernen haben und etwas von der Welt sehen möchtest, dann kannst Du dies auch im Ausland tun. Ganz klassisch haben hier die meisten Leute die Tourismusbranche im Kopf, bei der man als Animateur ins Ausland geht. Allerdings bieten sich Dir auch Chancen als Messehelfer, Sprachlehrer oder als Helfer in der Landwirtschaft. Als erste Anlaufstelle kannst Du dazu auf die ZAV, die Zentrale Auslands- und Fachvermittlung der Bundesagentur für Arbeit, zugehen. Hier kannst Du Dich von einem Mitarbeiter über Deine Möglichkeiten beraten oder direkt vermitteln lassen. Deine Bewerbung verschickst Du ebenfalls an die ZAV und solltest dabei zwölf Monate Vorlaufzeit berücksichtigen. Um ins Ausland gehen zu können, benötigst Du entsprechend gute Fremdsprachenkenntnisse sowie erste Berufserfahrungen in dem jeweiligen Job, in dem Du eingesetzt werden möchtest. Darüber hinaus solltest Du etwas Geld auf der hohen Kante haben. Die ZAV arbeitet mit Partnerunternehmen zusammen. Neben Gebühren fallen weitere Kosten an wie Visum, Reisekosten, Unterkunft und Verpflegung. Allerdings wirst Du in Deinem Auslandsjob auch Geld verdienen, um Deine Kosten decken zu können. Wenn das für Dich interessant klingt, dann besuche einfach die Website der ZAV für weitere Informationen:

- https://www.arbeitsagentur.de/vor-ort/zav/startseite

Das erwartet Dich nach der Schule – Ausbildung

Eine Ausbildung bietet Dir die Möglichkeit, einen Beruf zu erlernen und damit etwas Greifbares in den Händen zu haben, worauf Du Deine weitere Zukunft aufbauen kannst. Dabei gibt es eine große Auswahl an Ausbildungsberufen, welche sich mit zunehmendem Fortschritt und Digitalisierung erweitert. Während der Ausbildung hast du einen geregelten Arbeitstag mit Strukturen, ein festes Einkommen (meistens), sammelst praktische Erfahrungen und hast am Ende des Tages in der Regel noch Freizeit übrig. Mit der Wahl eines Ausbildungsberufs legst Du die Weichen für Deinen weiteren beruflichen Werdegang. Das heißt aber nicht, dass Du nach dem Abschluss in Deinem Berufsweg feststeckst. So entscheiden sich viele junge Menschen nach der Ausbildung noch ein entsprechendes Studium dranzuhängen, um ihre Karrieremöglichkeiten zu verbessern. Nichtsdestotrotz solltest Du Deine Ausbildung gut aussuchen und eine finden, die Dir gefällt und bei der Du Dir vorstellen kannst, langfristig tätig zu sein. Wenn Du bereits während der Schulzeit festgestellt hast, wo Deine Talente liegen, dann ist dies eine Menge wert. Wenn Du zum Beispiel sehr computeraffin bist und ein Händchen für Zahlen und Formeln hast, dann weißt Du, dass deine berufliche Wahl in Richtung IT-Jobs gehen könnte. Wenn Du aber noch keine Vorstellung hast, wo Deine Stärken liegen, dann wird es spätestens jetzt Zeit, sich darüber Gedanken zu machen.

Dazu kannst Du eine Liste aufstellen, in der Du notierst, welche Dinge Du gut kannst und worin Du Deine Stärken siehst. Du wirst feststellen, dass es gar nicht so einfach ist, sich selbst genau unter die Lupe zu nehmen. Deshalb solltest Du Dein Umfeld miteinbeziehen und dessen Meinung einholen. Orientiere Dich daran, was Dir Spaß macht, denn was wir gerne machen, das machen wir auch gut. Konkret kannst folgende Fragen kurz und knapp beantworten:

- Was für Hobbys habe ich?
- In welchen Schulfächern bin ich sehr gut beziehungsweise welche interessieren mich besonders? Technische, geisteswissenschaftliche oder naturwissenschaftliche Fächer?
- Kann ich gut mit Zahlen umgehen?
- Oder bin ich eher der kreative oder künstlerische Typ?
- Habe ich Organisationsgeschick?
- Bin ich handwerklich geschickt?
- Wie affin bin ich am Computer?
- Wie gut konnte ich Fremdsprachen in der Schule lernen?
- Arbeite ich lieber alleine oder im Team?

Neben diesen Fragen solltest Du gesundheitliche Aspekte miteinbeziehen. Wenn Du eine Allergie gegen die Inhaltsstoffe in Reinigungsprodukten besitzt, dann wäre die Ausbildung zum Gebäudereiniger eher keine gute Wahl. Zudem musst Du die Entscheidung treffen, ob Du bereit bist Deinen Heimatort für eine Ausbildung zu verlassen. Denn damit würdest Du die Palette potenzieller Arbeitgeber deutlich erweitern und somit Deine Chancen auf einen Ausbildungsplatz verbessern.

Im nächsten Schritt solltest Du Deine Erwartungen an Deine zukünftige Arbeitsstelle genau definieren. Wie viel möchtest Du verdienen? Zu welchen Zeiten möchtest Du am liebsten arbeiten? Arbeitest Du lieber draußen oder im Büro? Willst Du gerne mit Kunden in Kontakt kommen? Oder doch eher die Verantwortung für eine Maschine übernehmen? Diese Liste lässt sich noch weiter fortführen, aber Dir sollte klar sein, worum es geht. Vielleicht hast Du auch ganz spezielle Vorstellungen, was Deine Berufswahl angeht. Wenn dem so ist, dann integriere sie in Deine Überlegungen mit ein. Wenn Du weitere Unterstützung bei der Berufsorientierung benötigst, dann kannst Du Dich auch an das Berufsinformationszentrum (BiZ) Deiner zuständigen Bundesagentur für Arbeit wenden. Dort kann ein Berufsberater Dir dabei helfen, mehr Klarheit über Deine beruflichen Vorstellungen zu gewinnen. Dazu sei gesagt, dass nicht jeder dieser Berater ein Hauptgewinn ist. Es kommt nicht selten vor, dass Du einen eher alteingesessenen Menschen vor Dir hast, der mit Deinen Erwartungen nicht viel anfangen kann. Wenn Du aber im Moment ohnehin planlos dastehst, dann lohnt sich der Versuch allemal. Du kannst auch sämtliches Infomaterial zu verschiedenen Ausbildungsberufen mitnehmen und zu Hause in Ruhe durchgucken. Möglicherweise erhältst Du hier Anregungen zu Jobs, die Du vorher gar nicht auf dem Schirm hattest. Die Bundesagentur für Arbeit hat ihre eigene Jobbörse, nach der Du Dich im Beratungsgespräch auch gerne erkundigen kannst. Um ein wenig Inspiration für mögliche Ausbildungsberufe zu erhalten, findest Du auf der Seite www.berufenet.arbeitsagentur.de/berufe von der Bundesagentur für Arbeit eine Liste mit allen möglichen Berufen, die so existieren. Hier kannst Du Anregungen erhalten und Jobs finden, die vielleicht nicht zu einhundert Prozent Deinem Traumberuf entsprechen, diesem aber sehr ähnlich sind und daher ebenfalls in Betracht kommen könnten.

Bundesministerium für Wirtschaft und Technologie - Übersicht der anerkannten Ausbildungsberufe
- www.bmwi.de/DE/Themen/Ausbildung-und-Beruf/ausbildungsberufe.html

Infos zu Bewerbungen und Berufswahl
- www.planet-beruf.de

Übersicht über Zusatzqualifikationen für Auszubildende
- www.ausbildung-plus.de

So schreibst Du eine überzeugende Bewerbung

Das Verfassen einer anständigen und auffallenden Bewerbung ist der Türöffner zum Vorstellungsgespräch. Du musst Dir vorstellen, dass eine Personalabteilung regelmäßig ein Dutzend Bewerbungsmappen vor sich hat, die es zu prüfen gilt. Du kannst Dir sicher denken, dass bei dieser Menge diejenigen, die patzig oder fehlerhaft erstellt wurden, direkt aus der engeren Auswahl fallen. Daher ist es so wichtig, eine Bewerbung gewissenhaft und angemessen zu verfassen. An dieser Stelle geben wir Dir einen Leitfaden mit an die Hand, an dem Du Dich orientieren kannst.

Zunächst einmal sollte sich Deine **Bewerbungsmappe** von den anderen abheben. Und das beginnt bereits bei den Äußerlichkeiten. Die meisten Unternehmen wollen heutzutage eine Bewerbung in elektronischer Form haben. Wenn Du Dich bei einem kleinen Familienunternehmen bewirbst, kann es aber schon mal vorkommen, dass du Deine Bewerbung schriftlich einreichen musst. Besorg Dir für jede Bewerbungsmappe einen neuen Hefter und keine abgenutzte Mappe. Bei dem Papier kannst Du im Schreibwarenladen eines mit etwas dickeren Blättern wählen. Das kostet bißchen mehr, wirkt dafür aber hochwertiger. Betrachte dies nicht als Kosten, sondern als Investitionen, die Deine Chancen auf einen Ausbildungsplatz verbessern. Manchmal macht es Sinn, seine Bewerbungsmappe kreativ, ausgefallen und völlig außerhalb der Reihe zu gestalten. Dies ist abhängig davon, bei was für einer Art Unternehmen Du Dich bewirbst. Strebst Du eine Ausbildung zum Steuerfachangestellten an, ist es sicher ratsamer, einen konventionellen Weg einzuschlagen. Willst Du aber Mediendesigner werden, kannst Du Deiner Bewerbung ruhig einen kreativen Touch hinzufügen. Ein Bekannter hat sich mal als Verkäufer in einem Musikgeschäft beworben, welches unter anderem alte Schallplatten verkauft und sich durch diesen Retro-Look positioniert. Der Bewerbungshefter wurde als Schallplattenhülle designt und Kontaktdaten sowie persönliche Daten entsprechend abgebildet. In dieser Hülle waren dann die einzelnen Bestandteile der Bewerbung ebenfalls im Schallplatten-Look entworfen. Solch eine Bewerbung passte hervorragend zum Job und erregte die Aufmerksamkeit des Chefs. Das anschließende Vorstellungsgespräch lief ebenfalls gut und der neue Job war in trockenen Tüchern.

Das Deckblatt

Das Deckblatt ist der erste Teil Deiner Bewerbungsmappe, den der Personaler zu Gesicht bekommt. Es gehört in jedem Fall ein Foto drauf. Dazu nimmst Du ein Porträtfoto, auf dem Du einen qualifizierten und überzeugenden Eindruck machst. Bitte keine Selfies. Das Foto solltest Du professionell von einem Fotografen schießen lassen. Das kostet zwar etwas Geld, aber die 25€ bis 30€ werden sich auszahlen, wenn Du erst einmal die Zusage für eine Ausbildungsstelle bekommst. Du kannst das Foto auf das Deckblatt draufkleben oder einscannen. Dann folgt im oberen Bereich zunächst der Betreff. Du schreibst rein, als was Du Dich bewirbst: „Bewerbung um eine Ausbildung als Kauffrau für Versicherungen und Finanzen". Das wäre ein Beispiel, wie es aussehen könnte. In den unteren Bereich kommen die Kontaktdaten, also der vollständige Name, Adresse, Telefon- oder Handynummer und eine E-Mail-Adresse. Die E-Mail-Adresse sollte keine anstößigen oder unseriösen Inhalte haben. Vielleicht musst Du Dir also für Deine Bewerbungen eine neue E-Mail zulegen. Am besten wählst Du eine Kombination aus Vor- und Nachname „Vorname.Nachname@Anbieter.de". Wenn alle passenden E-Mail-Adressen schon vergriffen sind, kannst Du auch Dein Geburtsjahr miteinbeziehen. Dein Deckblatt sollte nicht zu sehr überladen sein, sondern noch einiges an Platz bieten. Du kannst es, sowie den Rest Deiner Bewerbung, in einem bestimmten Design verfassen. Dieses Design muss dann aber auch auf jeder Seite Deiner Bewerbung gleich bleiben. Das betrifft die eingesetzten Farben, Schriftart, Formatierung usw. Wenn Du Dich für einen kreativen Beruf bewirbst, dann kann es sein, dass die Personaler gerne ausgefallenere Bewerbungsgestaltungen sehen möchten. Das kommt immer ganz auf den Job und die Firmenkultur an.

Das Anschreiben

Das Anschreiben ist dazu da, damit Du Dich der Firma einmal vorstellen und kurz anführen kannst, warum gerade Du die richtige Person für diese Stelle bist – „Hallo, das bin ich, das kann ich!" Das Anschreiben soll nicht mehr als eine Seite umfassen. Daher musst Du mit kurzen Sätzen auf den Punkt kommen. Meistens steht in der Stellenbeschreibung auch ein Ansprechpartner mit drin. Dann richtest Du Dein Anschreiben direkt an diese Person. Ganz wichtig ist hierbei, dass Du den Namen richtig schreibst. Wenn Dir dabei ein Fehler unterläuft, dann signalisierst Du mit Deinen ersten Worten, dass Du unaufmerksam bist. Auch das aktuelle Datum kommt in das Anschreiben.

Nach der Anrede leitest Du das Anschreiben mit einem Einleitungssatz ein. Wenn Du zuvor mit Deinem Ansprechpartner telefoniert hast, dann bietet sich das hier an. In dem Fall kannst Du eine Formulierung wählen wie „Wie wir bereits am 15.05.2021 telefonisch besprochen haben, erhalten Sie mit diesem Schreiben meine vollständigen Bewerbungsunterlagen für die Ausbildungsstelle zum/zur …" Althergebrachte Floskeln wie „hiermit bewerbe ich mich bei Ihnen…" sind O.K., im Idealfall versuchst Du aber eine bessere Formulierung zu finden: „….ich bin über die Online-Jobbörse XY auf die Ausbildungsstelle zur IT-Systemkauffrau in ihrem Unternehmen gestoßen. Die IT-Branche beeindruckte mich schon während meiner Schulzeit, weshalb ich hier meine berufliche Zukunft sehe. Daher freue ich mich ihnen heute meine Bewerbungsunterlagen zukommen zu lassen." Gerade in jungen Start-up-Unternehmen ist es auch teilweise üblich, sich von Beginn an zu duzen. Wenn das bei Dir der Fall sein sollte, könnte sogar die Anrede in der Du-Form im Anschreiben angebracht sein.

Im Textteil beschreibst Du dann einmal kurz, wer Du bist und erklärst, warum Du Dich für die Stelle und das Unternehmen bewirbst. Hierbei kannst Du alles erwähnen, was Deine Stärken hervorhebt und für die Firma relevant ist. Wenn Du schon mal ein Praktikum im Unternehmen oder in der Branche gemacht hast, dann solltest Du das erwähnen. Werden Fremdsprachenkenntnisse benötigt, welche Du auch gut beherrschst, dann ist das auch von großem Nutzen. Deine Schwächen solltest Du im Anschreiben erst mal außen vor lassen. Das ist ein Thema für das Vorstellungsgespräch. Den Abschluss kannst Du mit einem freundlichen und zuversichtlichen Satz beenden wie „Sollten bei ihnen noch Fragen offen sein, können sie mich gerne kontaktieren. Ansonsten freue ich mich darauf, Sie im Vorstellungsgespräch persönlich kennenzulernen." Vermeide Sätze mit Konjunktiven wie „würde", „hätte" oder „könnte". „Ich hoffe, ich konnte Sie überzeugen und ich würde mich darüber freuen, Sie im Vorstellungsgespräch persönlich kennenzulernen." Das wirkt zu verunsichert, schließlich hast Du Dich ins Zeug gelegt und eine überzeugende Bewerbung abgeliefert. Also blickst Du zuversichtlich in die Zukunft und rechnest fest mit einer Einladung zum Vorstellungsgespräch. Das ist die Haltung, die Du im Anschreiben kommunizieren sollst. Zu guter Letzt setzt Du die Abschiedsformel „Mit freundlichen Grüßen" oder „Viele Grüße" zusammen mit Deiner Unterschrift, damit ist der Textteil fertig. Da Deiner Bewerbung noch weiteres Material beigefügt ist, kannst Du ganz unten auf der Seite des Anschreibens den Vermerk „Anlage" in fett gedruckter Schrift, aber derselben Schriftart aufführen. Eine Liste darüber aufzustellen, was für Anlagen das genau sind (Lebenslauf, Zeugnisse usw.) ist heute nicht mehr üblich.

Du kannst im Internet viele Musteranschreiben zum Download finden, welche Du als Orientierung nutzen kannst. Übernimm das Schreiben aber nicht eins zu eins, sondern wandle es um und schneide es auf Deine Person zu. Denn Du kannst Dir sicher sein, dass auch andere Bewerber auf die Idee gekommen sind und dieselben Muster nutzen.

Der Lebenslauf

Der tabellarische Lebenslauf fasst Deinen bisherigen Werdegang lückenlos in Stichpunkten zusammen. Der Lebenslauf sollte in Deinem Alter nicht mehr als zwei Seiten umfassen. Mit zunehmenden Berufsjahren wird er natürlich immer länger ausfallen. Im Moment sollten bei Dir aber zwei Seiten ausreichend sein. Du kannst auch auf Deinem Lebenslauf ein Foto verwenden, welches Du rechts oben einfügst. Daneben stehen wieder Kontaktdaten (Adresse, Telefonnummer, E-Mail) und Deine persönlichen Daten (Name, Geburtsdatum). Neben diesen persönlichen Angaben kannst Du Deinen Lebenslauf weiter gliedern in „Schulzeit", „Praktika", „Fremdsprachenkenntnisse", „Hobbys" und „Sonstiges". Bei der Schulzeit listest Du in chronologischer Reihenfolge alle Schulen auf, die Du besucht hast und führst am Ende den höchsten Schulabschluss an. Entsprechend machst Du dasselbe bei den Praktika. Wenn Du Hobbys hast, welche unvorteilhaft für die angestrebte Ausbildungsstelle sind, solltest Du diese nicht erwähnen. Wenn Du Dich bei einer christlich geführten Institution bewirbst, zum Beispiel einem Krankenhaus, selbst aber katholisch bist, dann solltest Du Deine Religionszugehörigkeit nicht im Lebenslauf nennen. Es ist in Deutschland gegen das Gesetz, einen Bewerber aufgrund seiner Religion zu benachteiligen. Sollte der Personalchef Dir aber diesbezüglich eine Absage erteilen, ist es in der Praxis mit sehr viel Aufwand verbunden dagegen vorzugehen.

Der Gliederungspunkt „Sonstiges" bietet sich wunderbar an, um vorteilhafte Details zu erwähnen wie Deine erworbenen Führerscheinklassen oder ein wohltätiges Engagement in der Kirche oder Gemeinde. Solche Dinge kommen besonders gut an, da sie Einsatzbereitschaft und Eigeninitiative vermitteln. Eine wohltätige und unentgeltliche Tätigkeit sagt zudem aus, dass Du echte Interessen hast, denen Du auch nachgehst, wenn Du dafür nicht bezahlt wirst. Zu guter Letzt musst Du Deinen Lebenslauf unterschreiben sowie Ort und Datum notieren.

Anlagen

Am Ende der Bewerbungsmappe fügst Du Deine restlichen Unterlagen in Kopie bei. Dazu zählen Schulabschlusszeugnis, Arbeitszeugnisse falls vorhanden und Auszeichnungen wie Urkunden oder Ähnliches. Bei einem Arbeitszeugnis musst Du darauf achten, dass es für Deine Bewerbung vorteilhaft formuliert ist. Denn

Personaler verfassen diese Zeugnisse in einer Art Geheimsprache. Es ist gesetzlich geregelt, dass jeder Mensch in Deutschland das Recht auf ein gutes Arbeitszeugnis hat. Eine direkte Kritik zu verfassen ist nicht legitim. Daher gibt es eine ganze Reihe an Formulierungen, mit denen sich Unternehmen bezüglich ihrer Bewerber austauschen können, ohne gegen die Regeln zu verstoßen. In Bezug auf das Sozialverhalten kann beispielsweise eine Formulierung gewählt werden wie: „Das Verhalten gegenüber Vorgesetzten und Mitarbeitern war einwandfrei", was der schulischen Note „gut", also einer zwei entsprechen würde. Noch besser wäre „er wurde wegen seines freundlichen Wesens und seiner kollegialen Haltung bei Vorgesetzten und Mitarbeitern sehr geschätzt." Eine andere Formulierung wie: „Durch ihre/seine Geselligkeit trug sie/er zur Verbesserung des Betriebsklimas bei" klingt beim Lesen ganz freundlich, soll aber aussagen, dass Du aufgrund eines unangemessenen Alkoholkonsums aufgefallen bist. Auch bei der Leistungsbeurteilung musst Du genau hinsehen. „...erledigte zugeteilte Aufgaben zu unserer Zufriedenheit" ist eine sehr negative Äußerung in Bezug auf Deine Tätigkeiten, die bestenfalls einem Ausreichend entspricht. Im Idealfall steht hier so was wie: „Die Leistungen haben in jeder Hinsicht unsere volle Anerkennung gefunden." Wenn Du laut Arbeitszeugnis „stets um Pünktlichkeit bemüht warst", dann bist Du oft zu spät am Arbeitsplatz erschienen. Auf der Website von Staufenbiel findest Du eine ganze Reihe an Formulierungen im Arbeitszeugnis mit den entsprechenden Übersetzungen:

- https://www.staufenbiel.de/magazin/arbeitsrecht/arbeitszeugnis/zeugnissprache/formulierungen-im-klartext.html

Online-Bewerbung

Die allermeisten Unternehmen bieten mittlerweile eine Bewerbung über das Internet an. Viele nehmen aus ökologischen Aspekten schriftliche Bewerbungen in Papierform gar nicht mehr an. Dabei kannst Du entweder auf der Website des Unternehmens ein Bewerbungsformular ausfüllen und die Anlagen hochladen oder Du sendest eine digitale Bewerbungsmappe per Mail zu. Die entsprechende E-Mail-Adresse findest Du am Ende der Stellenbeschreibung. Idealerweise steht hier auch Dein Ansprechpartner, den Du in Deiner Mail und den Bewerbungsunterlagen persönlich ansprichst und wieder ganz genau auf die richtige Schreibweise des Namens achtest. Ansonsten kann die E-Mail kurz und knapp formuliert sein. In den Betreff kommt die Stelle, für die Du Dich bewerben möchtest. Dann leitest Du die Mail mit einem Einleitungssatz ein und erwähnst, dass Du Deine Bewerbungsunterlagen im Anhang beigefügt hast. Bei Bewerbungen, die nicht auf einen Ausbildungsplatz abzielen, kannst Du zusätzlich Deine Gehaltsvorstellung und Deinen frühestmöglichen Eintrittszeitpunkt nennen. In manchen Fällen wird explizit in der Stellenbeschreibung nach diesen Informationen gefragt.

Deine **digitale Bewerbungsmappe** besteht, wie auch die postalische, aus Anschreiben, Lebenslauf und Zeugnissen. Alle Dokumente sollten im PDF-Format vorliegen und im besten Fall hast Du alles zu einer einzigen Datei zusammengefügt. Dazu gibt es Online-Tools, die Dir dabei weiterhelfen wie www.smallpdf.com/de/pdfs-zusammenfuegen. Damit unterstützt Du den Personaler dabei, alles Wichtige in einer Datei vorzufinden und er muss nicht jedes Dokument einzeln abspeichern und aufrufen. In der kostenlosen Version hast Du hier nur eine begrenzte Nutzungsmenge pro Tag. Alternativ gibt es aber auch eine Vielzahl weiterer Anbieter. Achte bei Deiner Bewerbungsmappe darauf, dass diese nicht größer als 3MB ist. Auch hierbei kannst Du online Deine PDF-Datei verkleinern. Du solltest im Anschluss aber noch mal alle Dokumente durchgehen und sicherstellen, dass das Format durch den Vorgang nicht zerschossen wurde.

Bonus: Das Motivationsschreiben

In der Ausbildung wird wahrscheinlich nicht danach gefragt, zur Vervollständigung wollen wir es aber dennoch an dieser Stelle aufführen: das Motivationsschreiben. Neben dem Anschreiben und dem Lebenslauf wird das Motivationsschreiben auch als dritte Seite der Bewerbung bezeichnet. Es ist dem Anschreiben sehr ähnlich, denn auch hier versuchst Du den Personaler von Dir zu überzeugen. Der Fokus wird aber mehr auf Deine Zielvorstellungen ausgerichtet und Du beschreibst die Hintergründe detaillierter, warum genau Du diese Arbeitsstelle bei dem jeweiligen Unternehmen haben möchtest. Datum, Deine Anschrift und die des Unternehmens sowie der Betreff müssen auch hier vermerkt sein. Das Motivationsschreiben sollte nicht länger als eine DIN A4

Seite sein. Hebe Deine Alleinstellungsmerkmale hervor, die Dich von anderen Bewerbern abgrenzen. Diese können auf die Stelle selbst, auf das Unternehmen oder Deine persönlichen Vorstellungen bezogen sein. Demnach ist der genaue Inhalt eines Motivationsschreibens eine sehr individuelle Sache. Wie der Name schon sagt, soll Deine Motivation für die Bewerbung deutlich werden: Warum willst Du unbedingt diese Stelle in diesem Unternehmen und warum sollte sich das Unternehmen für Dich und für keinen anderen entscheiden? Das alles gut durchdacht zu Papier zu bringen ist ein extra Aufwand, der sich aber lohnen kann. Motivationsschreiben werden meistens für besonders anspruchsvolle Stellen angefordert oder für Förderprogramme. Es kann Dir aber bei Deiner Bewerbung helfen, Dich direkt von den anderen Bewerbern abzuheben, wenn Du ein Motivationsschreiben verfasst hast, obwohl es nicht gefordert wurde. Auf der Online-Jobbörse Stepstone findest Du viele hilfreiche Tipps zum Verfassen eines Motivationsschreibens und Mustervorlagen, an denen Du Dich orientieren kannst:

- https://www.stepstone.at/Karriere-Bewerbungstipps/motivationsschreiben-einfach-gemacht/#Bewerbungsschreiben%20vs.%20Motivationsschreiben

Das war's, Deine Bewerbung ist raus und jetzt heißt es gespannt auf eine Antwort warten. Das kann schon mal eine Weile dauern. Du solltest dem Unternehmen mindestens drei Wochen Zeit einräumen. Wenn bis dahin noch keine Antwort da ist, kannst Du Dich telefonisch melden und freundlich nachfragen, wie der aktuelle Stand Deiner Bewerbung aussieht. Wenn in der Stellenbeschreibung explizit gesagt wurde, dass Du von telefonischen Anfragen absehen sollst, dann tu das auch. Nur wenn Du schon zwei Monate oder sogar länger wartest, solltest Du doch zum Hörer greifen.

Ausbildung im Ausland

Wenn Du planst, Deine Ausbildung im Ausland zu absolvieren, dann solltest Du Dich vorher darüber schlaumachen, wie die Ausbildung im jeweiligen Land aufgebaut ist. In Deutschland haben wir eine duale Berufsausbildung, also eine

Kombination aus Ausbildung im Betrieb und Berufsschule. Dieses System wirst Du sonst kaum in der Welt finden. Deshalb ist es wichtig, folgende Punkte in Erfahrung zu bringen:

- Wie ist die Ausbildung bis zum Abschluss aufgebaut?
- Zählt die Ausbildung im jeweiligen Land als ein wichtiges Berufsbild?
- Wird die Ausbildung auch in Deutschland anerkannt?

Um diese Fragen zu beantworten, musst Du einen genauen Blick auf das Land werfen, in dem Du die Ausbildung absolvieren möchtest. Denn hier können sich die einzelnen Systeme stark unterscheiden. Diese Infos kannst Du Dir bei der zuständigen Kammer, wie zum Beispiel der Handwerks- oder der Industrie- und Handelskammer, einholen. Es gibt aber auch die sogenannte deutsche Auslandshandelskammer im jeweiligen Zielland. Die Kammern arbeiten gemeinsam mit Wirtschaftsvertretern, um jungen Menschen die Ausbildung im Ausland zu ermöglichen. Dabei hast Du den Vorteil, dass diese Ausbildungsberufe mit denen in Deutschland vergleichbar gestaltet werden, sodass Du davon ausgehen kannst, dass Deine Ausbildung auch hierzulande anerkannt wird. Du solltest aber wissen, dass hierbei die meisten Berufe kaufmännisch veranlagt sind.

Darüber hinaus besteht die Möglichkeit, sofern Dein ausbildendes Unternehmen dies zulässt, während Deiner Ausbildung in Deutschland einen Auslandsaufenthalt in das Ausbildungsprogramm zu integrieren. Dieses Auslandspraktikum wäre dann ähnlich wie ein Auslandssemester im Studium. Wenn Dein Unternehmen auch im Ausland tätig ist und dort Zweigstellen hat, dann wäre so eine Möglichkeit denkbar. Immer vorausgesetzt, dass Deine Vorgesetzten nichts dagegen haben. Hier lohnt es sich einfach mal nachzufragen und ein wenig Überzeugungsarbeit zu leisten. Ein gutes Argument wäre: Das Berufsausbildungsgesetz gibt Dir das Recht, einen Teil Deiner Ausbildung im Ausland zu absolvieren. Dabei darfst Du bis zu einem Viertel Deiner Lehrzeit außerhalb Deutschlands verbringen und Dir diese Zeit anrechnen lassen. So ein Auslandspraktikum verleiht Dir am Ende eine bessere Qualifikation und das Unternehmen kann Dich für mehrere Positionen in Betracht ziehen.

Es gibt eine Reihe an Förderprogrammen, an die Du Dich wenden kannst. Auf der Website www.mobilitaetscoach.de findest Du Unterstützung in Deiner Nähe. Die sogenannten Mobilitätscoaches können Dir dabei helfen, die ersten Schritte hin zu einem Auslandspraktikum samt formellen Papierkram zu meistern. Darüber hinaus gibt es zahlreiche Förderprogramme, auf deren Websites Du weitere Informationen erhältst:

Erasmus Website als eines der größten Förderprogramme für das EU-Ausland
- www.erasmusplus.de

Infos zum Transdual-Programm für kaufmännische Ausbildungsberufe
- www.sequa.de/index.php?option=com_content&view=article&id=142&Itemid=122&lang=de

Infos zum Sindbad-Programm, welches Azubis aller möglichen Berufszweige finanziert
- www.sequa.de/index.php?option=com_content&view=article&id=140&Itemid=121&lang=de

PDF-Formular mit allen Infos rund um das Hermann-Strenger-Stipendium der Bayer Stiftung für technisch-naturwissenschaftliche sowie gesundheitliche und kaufmännische Ausbildungspraktika im Ausland
- www.bayer-foundation.com/sites/g/files/vrxlpx7906/files/2021-06/DE_Guidelines_Hermann%20Strenger_0.pdf

So überzeugst Du im Vorstellungsgespräch!

Wenn der heiß ersehnte Anruf oder die Mail mit der Einladung zum Vorstellungsgespräch bei Dir eintrifft, dann darfst Du den Moment erst mal feiern. Deine Bewerbung hat überzeugt und jetzt möchte das Unternehmen Dich persönlich kennenlernen. In den meisten Fällen wird für ein Vorstellungsgespräch eine

Stunde eingeplant. In dieser Zeit darfst Du allen Beteiligten zeigen, was Du so drauf hast.

Ablauf des Vorstellungsgesprächs

Deine Gesprächspartner werden Dir Fragen zu Deinem bisherigen schulischen Werdegang und Deinen Interessen stellen. Möglicherweise sind auch Fragen bezüglich Deines Lebenslaufs entstanden, auf die näher eingegangen wird. Daher gehe Deine Bewerbung noch einmal durch, damit Du genau weißt, was Du geschrieben hast. Eine zentrale Frage des Gespräches wird sein, warum Du Dich gerade für diese Position bei diesem Unternehmen beworben hast. Dabei solltest Du auf Deinen zukünftigen Berufswunsch oder das Unternehmen genauer eingehen und Deine Motivation erläutern. Da Du Dich bereits bei der Bewerbung mit diesem Thema auseinandergesetzt hast, solltest Du Deine Antwort entschlossen und selbstbewusst rüberbringen können. Vermeide solche Begründungen wie: „Ich kenne bereits einige Freunde und Bekannte, die hier arbeiten" oder „die Firma liegt ganz in der Nähe meines Zuhauses und ich habe es nicht weit zur Arbeit." Mit solchen Aussagen vermittelst Du nur, dass Du es möglichst bequem haben möchtest. Was immer sehr gut ankommt ist, wenn Du Dich zuvor auf der Website des Unternehmens über die Firmenkultur informiert hast und im Gespräch darauf eingehst. Präsentiert sich das Unternehmen als eines, welches das Wohl der Mitarbeiter in den Fokus stellt und dementsprechend viele Weiterbildungs- und Aufstiegsmöglichkeiten vorweist, Kooperationen zur Freizeitgestaltung mit anderen lokalen Unternehmen aufbaut oder es einen firmeneigenen Kindergarten mit kostenloser Betreuung besitzt, dann kannst Du diesen Aspekt hervorheben. Immer vorausgesetzt, dass Dir solche Dinge bei Deinem Arbeitgeber auch wirklich wichtig sind. Bleibe ehrlich und authentisch, denn andernfalls gehst Du das Risiko ein, dass Deine Gesprächspartner den Braten wittern oder Du Dich in Deinen Aussagen widersprichst.

Deine **Anreise** planst Du ganz genau durch und vermeidest es in jedem Fall zu spät zu kommen. Auch wenn es nicht Deine Schuld war, da es unerwartet zu einem Stau kam oder die Bahn ausgefallen ist, hinterlässt Du so den Eindruck, dass Du unverlässlich bist. Das kann direkt ein K.O.-Kriterium sein. Plane daher eher eine halbe Stunde zu früh zu erscheinen. Auf diese Weise bist Du zeitlich flexibel und gerätst nicht in Stress, wenn Du nicht auf Anhieb einen Parkplatz findest oder, bei sehr großen Betrieben, erst etwas suchen musst, bis Du am richtigen Eingang angekommen bist. Wenn es sich anbietet, dann fährst Du vorher schon einmal die Strecke ab und wirfst nach Möglichkeit einen ersten Blick auf das Betriebsgelände. Wenn Du zu früh ankommst, dann betrete frühestens eine viertel Stunde vor Gesprächsbeginn die Firma und vergiss nicht Deine Einladung zum Vorstellungsgespräch mitzubringen. Das Handy bleibt ausgeschaltet oder stumm, nicht auf Vibration. Und wenn Du Raucher bist, dann solltest Du trotz Nervosität auf eine Zigarette unmittelbar vor dem Gespräch verzichten. Wenn Dein Chef Nicht-Raucher ist, dann wird er den Geruch wahrnehmen und nicht unbedingt zu Deinem Vorteil auslegen.

Der Dress-Code

Anzug und Krawatte gehören schon lange der Vergangenheit an. Deine Kleidung muss zur Ausbildungsstelle und zum Unternehmen passen. Wenn Du Dich nicht gerade bei einer konservativen Bank beworben hast, dann solltest Du Deine Klamotten so auswählen, dass Du es bequem hast und Dich darin wohlfühlst. Trägst Du etwas zwangsweise, was nicht zu Dir passt, dann verunsichert Dich das in einer ohnehin stressigen Situation. Bequem heißt aber natürlich nicht Jogginghose und loses Schuhwerk. Wähle eine schicke Freizeitkleidung, die zu Deinem Stil passt und sorge dafür, dass Deine Schuhe sauber sind. Der Rock sollte nicht zu kurz sein und mindestens bis zu den Knien gehen. Die Bluse sollte oben zugeknöpft sein und keine zu tiefen Einblicke preisgeben. Make-Up und Parfüm sollten zudem nur ganz dezent zum Einsatz kommen.

Fragen im Vorstellungsgespräch

Damit Du eine Vorstellung davon bekommst, was alles an Fragen auf Dich zukommen kann, bekommst Du hier eine kleine Liste. Wenn Du weißt, was Dich erwartet, dann kann das die Nervosität mildern. Wenn Du zu Panik neigst, dann hier ein Tipp: Sprich es direkt beim ersten Kontakt mit Deinen Gesprächspartnern an: „Mir geht es gut, aber ich muss schon sagen, ich bin echt nervös heute." Das ist absolut legitim. Du bist jung und sehr wahrscheinlich ist es Dein erstes Vorstellungsgespräch. Das wissen auch Personaler und wenn Du dies mit einem Lächeln rüberbringst, dann nimmst Du Deiner Angst den Wind aus den Segeln. Du setzt Dich nicht mehr so sehr unter Druck, ein felsenfestes Selbstbewusstsein zu kommunizieren, bist automatisch lockerer und fühlst Dich wohler. Das macht es auch leichter, die Fragen Deines Gegenübers zu beantworten:

Fragen zum Unternehmen
- Warum möchtest Du Deine Ausbildung gerade bei diesem Unternehmen machen?
- Was weißt Du über das Unternehmen?
- Was sind Deine Erwartungen an die Ausbildung?
- Was genau interessiert Dich an der Ausbildung ganz besonders?

Fragen über Dich
- Wie würde Dein bester Freund/ Deine beste Freundin Dich in drei Sätzen beschreiben?
- Was macht Dich zum idealen Kandidaten für diese Ausbildung?
- Wie gut kannst Du in stressigen Situationen die Ruhe bewahren?

Die Frage nach den Schwächen und Stärken wird oft nicht mehr direkt gestellt, sondern in einer beispielhaften Lebenssituation verpackt: „Was war in Deiner Vergangenheit/ Deiner Schullaufbahn/ Deinen Praktika eine Situation, die Du besonders gut gelöst hast und die jemand anderes, in derselben berufliche Situation, nicht so gut lösen könnte wie Du?" Wenn Du hier ein einziges gutes Beispiel griffbereit hast, dann reicht das aus. Wenn Du eine Schwäche von Dir preisgeben musst, dann solltest Du keine wählen, die ein absolutes No-Go für den Beruf ist. Wenn Du also viel mit Kunden zu tun hast, dann wäre die Aussage „Ich komme nur schwer mit fremden Menschen ins Gespräch" eine schlechte Wahl. Wähle etwas irrelevanteres und ergänze es mit etwas, was Du getan hast, um diese Schwäche anzugehen: „Im Abitur kamen viele Aufgaben auf mich zu und ich hatte Probleme mich zu organisieren und war etwas überfordert. Deshalb habe ich mir im Internet Videos von Experte XY zum Thema Selbst- und Zeitmanagement angeschaut. Das hat mir geholfen, meine Aufgaben zu kategorisieren und zu priorisieren, wodurch ich es am Ende gepackt habe." Dieses Beispiel soll nur veranschaulichen, was gemeint ist. Überlege Dir etwas, das auf Deine Situation zugeschnitten ist. Auf der Website www.jova-nova.com erhältst

Du zahlreiche weitere Bewerbungstipps. Aber Achtung: Zu viele Infos müssen nicht unbedingt hilfreich sein. Mach Dich an Deine Vorbereitung ran und wenn Fragen auftauchen, dann such selektiert nach Lösungen dafür, anstatt Dich im Voraus mit Tipps und Hilfestellungen zu überhäufen.

Für einen erfolgreichen Ausbildungsstart

Während der Ausbildung sind Deine Eltern unterhaltspflichtig. Zudem hast Du bestimmt schon mal mitbekommen, dass sie für Dich Kindergeld vom Staat erhalten. Dieses bekommen sie auch während der Ausbildungszeit bis zu Deinem 25. Lebensjahr. Dieses Geld kann dafür genutzt werden, um Dich während der Ausbildung finanziell zu unterstützen. Da Du aber jetzt volljährig bist, müssen Deine Eltern einen neuen Antrag bei der Familienkasse der Bundesagentur für Arbeit stellen, um das Kindergeld weiterhin zu erhalten.

Sollten die Finanzen Deiner Eltern eher Mau aussehen und Deine Ausbildungsvergütung reicht nicht aus, um Deine Lebenshaltungskosten zu decken, dann hast Du die Möglichkeit einen Antrag auf **Berufsausbildungsbeihilfe (BAB)** zu stellen. Bei dem BAB handelt es sich um einen Zuschuss zur Ausbildungsvergütung, der im Nachhinein nicht zurückgezahlt werden muss. Diesen Antrag kannst Du bei Deiner zuständigen Bundesagentur für Arbeit stellen. Voraussetzungen sind:

- Es muss sich um Deine erste Ausbildung handeln.
- Es muss sich um einen staatlich anerkannten Ausbildungsberuf handeln.
- Du wohnst nicht bei Deinen Eltern und eine tägliche Heimfahrt ist nicht zumutbar.
- Dein Gehalt liegt unter 500€.
- Deine Eltern dürfen bestimmte Gehaltsgrenzen nicht überschreiten (Nachweise erforderlich).

Zudem kommt es noch auf die Anzahl Deiner Geschwister an. Alle Angaben zu Einkommen und Kosten im Formular musst Du mit entsprechenden Belegen nachweisen können. Daneben haben Azubis Anspruch auf BAB, die volljährig und verheiratet sind oder mindestens ein Kind im Haushalt haben. Bei der BAB wird zunächst der Bedarf für Deinen Lebensunterhalt individuell ermittelt. Anschließend wird geschaut, ob ein Zusatzbedarf besteht, beispielsweise für Arbeitskleidung, Fahrtkosten, Kinderbetreuung oder Lernmittel. Aus diesen Daten ergibt sich dann ein Gesamtbedarf, welcher Deiner Ausbildungsvergütung und dem Einkommen Deiner Eltern gegenüber gestellt wird. Die Differenz, die sich daraus ergibt, bestimmt dann, ob und in welcher Höhe Du Anspruch auf BAB hast. Im Internet kannst Du mit einem BAB-Rechner prüfen, mit was Du in etwa rechnen kannst.

- www.babrechner.arbeitsagentur.de

Probezeit in der Ausbildung

In Deinem Ausbildungsvertrag wird eine Probezeit vereinbart sein. Innerhalb dieses Zeitraums darfst sowohl Du als auch Dein Unternehmen das Arbeitsverhältnis ohne Angaben von Gründen kündigen. Die Probezeit dient also dazu, dass beide Parteien Zeit bekommen, miteinander warmzuwerden und zu entscheiden, ob sie die richtige Entscheidung getroffen haben. Ist die Probezeit vorbei, wird es sehr schwierig, Dich zu kündigen. Dafür gibt es gesetzliche Regelungen, etwa wenn Du bei einem schweren Vergehen, wie zum Beispiel beim Diebstahl von Firmeneigentum, erwischt wirst. Es kommt leider vor, dass Azubis sich nicht allzu gut mit ihren Ausbildungsleitern verstehen und es daher voreilig zu Kündigungen kommt. Wenn Dir so etwas widerfahren sollte und Du überzeugt bist, dass die Kündigung nicht gerechtfertigt ist, dann kannst Du dagegen vorgehen. Die erste Anlaufstelle wäre der Betriebsrat. Es besteht auch die Möglichkeit, Mitglied einer Gewerkschaft zu werden. Diese ist dazu da, die Interessen von Mitarbeitern zu vertreten und durchzusetzen. Dabei übernehmen sogar einige Gewerkschaften die Anwaltskosten, wenn es zu einem Gerichtsprozess kommt. Allerdings musst Du einen Beitrag zahlen, der sich nach Deinem Gehalt richtet und bei den jeweiligen Gewerkschaften unterschiedlich hoch ausfallen kann. Auf der Website des Deutschen Gewerkschaftsbundes www.dgb.de und der Dienstleistungsgewerkschaft Verdi www.verdi.de kannst Du Dich näher informieren und dann entscheiden, ob Du Mitglied werden möchtest. Darüber hinaus gibt es Unternehmen, die eine Jugend- und Auszubildendenvertretung (JAV) besitzen. Eine Voraussetzung für eine JAV ist, dass der Betrieb mindestens fünf Mitarbeiter unter 25 Jahren beschäftigt.

Sollte alles nichts helfen und die Kündigung wird wirksam, dann solltest Du Dich an das BiZ wenden und bei Deinem Berater nachfragen, ob er Dich kurzfristig in einem anderen passenden Betrieb unterbringen kann. Sollte alles nichts helfen und Du stehst ohne Ausbildung da, dann kannst Du folgende Maßnahmen in Angriff nehmen:

- **Berufsausbildung in einer außerbetrieblichen Einrichtung (BaE)** – Hierbei erhältst Du eine staatlich finanzierte Ausbildungsstelle, welche an keinen Betrieb gebunden ist.
- **Berufsvorbereitungsjahr (BVJ)** – Du besuchst ein Jahr lang die Berufsschule, um Dich für den nächsten Ausbildungsstart vorzubereiten.
- **Berufsgrundbildungsjahr (BGJ)** – Das BGJ ist eine schulische Form der Berufsausbildung, die ein Jahr dauert. Wenn Du im Anschluss einen Ausbildungsplatz ergatterst, dann wird Dir dieses Jahr angerechnet und Deine Ausbildungszeit verkürzt. Dabei hast Du die Wahl zwischen mehreren Bereichen wie Holz- und Elektrotechnik, Wirtschaft und Verwaltung, Erziehung und Soziales oder Körperpflege.
- **Einstiegsqualifizierung für Jugendliche (EQJ)** – Dabei handelt es sich um ein Förderprogramm, bei dem Du sechs bis zwölf Monate in Form eines Praktikums in einem Betrieb arbeitest. Dir wird etwas Taschengeld gezahlt und am Ende erhältst Du ein Zertifikat, welches Deine Chancen auf eine Ausbildungsstelle verbessert.
- Zu guter Letzt kannst Du Dich erst mal zurücknehmen und die allseits bekannte „Selbstfindungsphase" anstreben. Dabei wirst Du natürlich nicht bei Deinen Eltern auf der Couch vor dem Handy oder dem Computer sitzen, sondern startest ein eigenes Projekt oder gehst für eine Zeit lang ins Ausland, um dort neue Erfahrungen zu machen.

Das erwartet Dich nach der Schule - Studium

Das Studium bietet Dir die Möglichkeit, höheres Wissen zu erwerben, welches Du dann in verschiedenen Bereichen anwenden kannst. Der entscheidende Unterschied zur Schule besteht darin, dass Dein Klassenlehrer die Aufgabe hatte, seinen Schülern den Stoff solange zu erklären, bis sie es verstanden haben. In der Uni ist das nicht so. Der Dozent hat während der Vorlesung lediglich die Aufgabe, den jeweiligen Inhalt an seine Studenten zu vermitteln. Das Verstehen und Verinnerlichen ist dann Deine eigene Aufgabe. Du musst also in der Lage sein, Dich aufzuraffen und selbstständig den Stoff noch mal durchzugehen, ihn zu verstehen und anwenden zu können. Je nach Dozent kann dieser mal mehr und mal weniger bereit sein, sich extra ins Zeug zu legen, damit seine Studenten dem Unterrichtsstoff folgen können, seine eigentliche Aufgabe ist das aber nicht. Wenn Du etwas nicht verstehst und Probleme hast den Inhalt selbst aufzuarbeiten, dann musst Du zu festgelegten Sprechzeiten einen Termin mit Deinem Dozenten vereinbaren. Wenn viele andere Deiner Kommilitonen ebenfalls einen Termin wollen, dann kann es schon mal zu Wartezeiten kommen. Wenn Du also ein Mensch bist, der keine Probleme damit hat sich selbst zu motivieren und anzutreiben und Vorlesungen und Seminare zu besuchen, ohne dass Deine Anwesenheit überhaupt geprüft wird, dann ist das Studium eine gute Wahl für Dich.

Das Studienjahr unterteilt sich in Sommer- und Wintersemester. Bei den meisten Unis geht das Sommersemester von April bis September und das Wintersemester von Oktober bis März. Zudem bestehen die Semester zu rund einem Drittel aus Semesterferien. In dieser vorlesungsfreien Zeit hast Du keine Kurse die Du besuchen musst und kannst selbst darüber entscheiden, was Du mit dieser Zeit anfangen möchtest. Es ist sehr verlockend, sich von dem ganzen Lernstress zu erholen und die Füße hochzulegen. Empfehlenswert ist das allerdings nicht. Bei all der geballten Theorie, die auf Dich einprasselt, sehen es zukünftige Arbeitgeber gerne, wenn Du auch praktische Erfahrungen nach dem Studium mitbringst. Daher eignen sich Semesterferien ideal dafür, um relevante

Praktika zu absolvieren. Gerade in beliebten Studienrichtungen wie BWL, welche jedes Jahr viele Absolventen vorzuweisen haben und dementsprechend viel Konkurrenz auf dem Arbeitsmarkt besteht, sind praktische Erfahrungen ein wunderbares Mittel, um sich von der Masse abzuheben.

Die Wahl des richtigen Studienfachs

Anders als bei einer Berufsausbildung, wirst Du bei einem Studium in den meisten Fällen nicht für einen ganz bestimmten Job ausgebildet, sondern erwirbst Fachwissen, mit dem Du in mehreren Bereichen arbeiten kannst. Wenn Du Arzt oder Lehrer werden möchtest, dann ist die Sache einfacher und Du studierst Medizin oder das gewünschte Fach auf Lehramt (um den Lehrerberuf ausführen zu können). Wenn Du Betriebswirtschaftslehre studierst, dann ist das potenzielle Berufsfeld weitaus größer. Du kannst im Vertrieb, im Marketing, im Einkauf oder einem anderen Bereich eines Betriebes tätig sein. Vorausgesetzt Deine Noten sind hier entsprechend gut oder Du hast einen bestimmten Schwerpunkt gewählt, wie beispielsweise Personalwirtschaft, wenn Du in der Personalabteilung eines Unternehmens arbeiten möchtest. Auch bei Studienfächern wie Germanistik, Philosophie, Kultur- oder Politikwissenschaften gibt es ein sehr breites Spektrum an möglichen Berufen, in denen das jeweilige Fachwissen nachgefragt ist. Du solltest also wissen, wie Dein zukünftiger Berufswunsch aussieht oder zumindest die Richtung kennen. Etwas zu studieren, nur um überhaupt zu studieren, weil Du damit später vermeintlich viel Geld verdienen kannst, reicht als Orientierung nicht aus. Ein Studium verlangt von Dir viel an Selbstengagement und Durchhaltevermögen ab. Daher solltest Du genau wissen, **warum Du diese Mühe auf Dich nimmst, umso Dein Studium am Ende mit guten Ergebnissen** abschließen zu können. Denn ein Studienabschluss an sich ist keine Garantie für einen guten Job. Dies trifft heute umso mehr zu, da die Anzahl an Studenten jedes Jahr zunimmt und damit der Konkurrenzdruck auf dem Arbeitsmarkt.

Um herauszufinden, was für ein Beruf für Dich infrage kommt, kannst Du beispielsweise einen Dozenten Deines Vertrauens um Rat bitten. Gerade bei Studienfächern, die ein breites Feld an potenziellen Berufen aufweisen, kann Dir ein Professor mit viel Erfahrung helfen, realistische Erwartungen zu setzen und Möglichkeiten offenzulegen, die Du vorher vielleicht gar nicht auf dem Schirm hattest. Es kann sich auch lohnen, den sogenannten **Studiums-Interessentest (SIT)** im Internet durchzuführen. Innerhalb von 15 Minuten erhältst Du so einen Eindruck davon, welche Studienrichtung zu Dir passen könnte. Und wie sonst auch, kannst Du Dich beim Berufsinformationszentrum (BiZ) beraten lassen. Darüber hinaus organisieren Unternehmen Berufsinformationsveranstaltungen, von denen Du die ein oder andere besuchen solltest. Entsprechende Aushänge findest Du am Schwarzen Brett Deiner Schule oder im Internet. Solche Informationsveranstaltungen werden auch von Unis auf deren Website angeboten. Dabei kannst Du einen Tag in die Uni rein schnuppern. Die Dozenten stellen ihre Fakultäten vor und die Studenten berichten von ihren Erfahrungen an der Uni. Zudem kannst Du an Vorlesungen teilnehmen, um einen Eindruck davon zu bekommen, wie es ist in einem Hörsaal zu sitzen und einem Professor zu lauschen. Auf der Website der jeweiligen Uni findest Du ein Vorlesungsverzeichnis, in dem Du einsehen kannst, wann und wo eine Vorlesung stattfindet. Darüber hinaus gibt es im Internet Seiten wie www.hochschulkompass.de, mit denen Du nach Hochschulen in bestimmten Orten und Fächern suchen kannst. Dort findest Du auch die Links zu den Websites der jeweiligen Universitäten. Möglicherweise hast Du schon mal mitbekommen, dass manche Unis für bestimmte Studienrichtungen ein größeres Ansehen besitzen als andere. Hier einen Abschluss zu machen, kann sich für den zukünftigen Berufseinstieg also eher lohnen, als an einer anderen akademischen Einrichtung. Das Hochschulranking vom Zentrum für Hochschulentwicklung (CHE) und der Zeitung „Die Zeit" bietet Dir einen Einblick in die Bewertungen der Fachbereiche einzelner Unis. Diese Bewertungen sind sowohl von Dozenten als auch Studenten verfasst und geben Dir ein genaues Bild über die Reputation der Fakultäten. Hier findest auch Infos zum Semesterbeitrag, Freizeitangebote oder Öffnungszeiten. Was die Studiengebühren angeht, so ist die Regelung dazu zwischen den Bundesländern unterschiedlich gestaltet und ändert sich auch immer wieder mal.

Diese Hochschularten gibt es

Es gibt mehrere Hochschularten, an denen Du Dein Studium absolvieren kannst. Sie alle bieten verschiedene Vor- und Nachteile und wir möchten uns an dieser Stelle einmal gemeinsam anschauen, was es für Möglichkeiten gibt.

Die Universität

Eine Universität zeichnet sich insbesondere durch den starken Bezug zur Forschung aus, was mit einem hohen theoretischen Anteil einhergeht. Allerdings hat sich in den letzten Jahren gezeigt, dass die Unis immer mehr Initiativen ergreifen, um einen stärkeren Praxisbezug für die Studenten sicherzustellen. Universitäten bieten Dir alle möglichen Arten an Studienfächern an, sogar sehr exotische Exemplare wie Wirtschaftssinologie oder Kristallografie. In Deutschland wurde der Bachelor und Master eingeführt, welche Du als Abschlüsse anstreben kannst. Mit diesen Abschlüssen wurde auch das System der Creditpoints etabliert, bei dem Du für das Absolvieren bestimmter Studienfächer eine Anzahl dieser „Punkte" erhältst. Die Creditpoints geben Auskunft über den Inhalt, der innerhalb einer Vorlesungsreihe vermittelt wurde. Da Universitäten stark auf den theoretischen Teil abzielen, kannst Du hier in der Regel genug Creditpoints sammeln, um bei einem Wechsel der Uni problemlos übernommen zu werden. Andernfalls müsstest Du ein paar Zusatzleistungen erbringen, um fehlende Creditpoints zu sammeln. Wenn Du eine wissenschaftliche Karrierelaufbahn anstrebst, dann ist die Universität für Dich das erste Mittel der Wahl. Bei den meisten Studiengängen dauert die Regelstudienzeit für den Bachelor sechs Semester. Damit hättest Du also innerhalb von drei Jahren Deinen Uniabschluss in der Tasche. Bei einem anschließenden Masterstudium würden allerdings weitere vier bis sechs Semester hinzukommen.

Bundeswehr-Universität

Eine spezielle Uni-Ausbildung bietet die Bundeswehr mit ihren hauseigenen Hochschulen an. Dabei gibt es bislang zwei Einrichtungen in Deutschland: Die Helmut-Schmidt-Universität in Hamburg und die Universität der Bundeswehr in München. Neben dem Abitur musst Du beim Assessment-Center für Führungskräfte der Bundeswehr (ACFüKrBw) in Köln einen Eignungstest bestehen. Dabei wird Deine geistige, sportliche und psychische Eignung für den Offiziersdienst festgestellt. Was hierbei ganz wichtig ist: Du verpflichtest Dich für mindestens 13 Jahre Wehrdienstzeit. Dies ist eine lange Zeit. Daher solltest Du Dir ganz sicher sein, dass die Bundeswehr für Dich der richtige Weg ist und Du Soldat oder Soldatin werden möchtest. Ist die Entscheidung getroffen und sind die Einstiegshürden gemeistert, dann bietet Dir die Bundeswehr-Universität viele Vorzüge. Unterkunft und Verpflegung werden übernommen und Du bekommst schon während des Studiums ein recht stattliches Gehalt, mit dem Du erst mal gut leben kannst. Die Auswahl an Fächern ist überschaubarer als an zivilen Unis, bietet jedoch auch ein recht breites Spektrum wie Maschinenbau, Psychologie, Bildungs- und Erziehungswissenschaften, Luft- und Raumfahrttechnik, Wirtschaftswissenschaften oder Informatik. Die Dozenten müssen keine Soldaten sein, sondern „normale" Professoren, die auch an anderen Universitäten unterrichten können. Der Aufbau des Studiums ist nicht in Semestern, sondern in Trimestern (also drei Monate anstatt sechs) unterteilt. Einmal im Jahr gibt es Ferien und die gesamte Regelstudienzeit geht etwas mehr als drei Jahre.

Hier findest Du sämtliche Ausbildungsmöglichkeiten bei der Bundeswehr
- www.bundeswehr-karriere.de

Website der Helmut-Schmidt-Universität in Hamburg
- www.hsu-hh.de

Website der Bundeswehr-Universität in München
- www.unibw.de

Musik-künstlerische Hochschule

Eine Musik-, Kunst- oder Filmhochschule ist eine Sonderform von Hochschulen in Deutschland mit meist strengen Auswahlverfahren. Du benötigst das Abitur und musst Deiner Bewerbung eine Arbeitsmappe mit Deinen Werken beifügen, je nachdem, welche Form der Kunst Du anstreben möchtest. Zudem können bei Fächern wie Musik oder Schauspiel Castings stattfinden, bei dem eine Jury über den weiteren Bewerbungsverlauf entscheidet. Hinzu kommt, dass es nicht allzu viele Studienplätze in Deutschland gibt und diese sind auch noch sehr beliebt und schnell vergriffen. Daher solltest Du mit Dir selbst nicht zu streng ins Gericht gehen, wenn Du mal eine Absage bekommst. Jede Bewerbung fordert Dich heraus, Deine Kunst zu optimieren und sie der nächsten Hochschule vorzustellen. Dadurch erhältst Du Übung und steigerst Deine Chancen beim nächsten Mal angenommen zu werden. Hier ist Durchhaltevermögen gefragt. Auf www.hochschulkompass.de kannst Du nach „Kunst- und Musikhochschulen" suchen und Dich anschließend auf den jeweiligen Websites über die Aufnahmekriterien informieren.

Weitere Hochschularten
Kirchlich-theologische Hochschule

Theologie kannst Du auch an der entsprechenden Fakultät einer normalen Uni studieren. Allerdings haben die Kirchen auch ihre eigenen Hochschulen mit Fächern wie Theologie, Sozialwesen oder Kirchenmusik. Die meisten sind staatlich anerkannt, jedoch solltest Du auch hier vorher einen Blick ins Internet werfen und Dich über die unterschiedlichen Einrichtungen schlaumachen.

Pädagogische Hochschule

In Baden-Württemberg hast Du die Möglichkeit an einer der dortigen Pädagogischen Hochschulen zu studieren. Diese haben einen guten Ruf und qualifizieren Dich für Berufe im Bildungswesen.

Die Fachhochschule

Diese Bildungseinrichtungen zeichnen sich dadurch aus, dass sie in erster Linie anwendungsorientiertes Studieren anbieten und damit die eigentliche Lehre stärker in den Vordergrund rückt, als es bei Universitäten der Fall ist. Daher ist oft ein fachbezogenes Vorpraktikum, zusätzlich zur allgemeinen oder Fachhochschulreife, eine Voraussetzung, damit Du Dich einschreiben beziehungsweise immatrikulieren kannst. Das Bachelorstudium dauert meistens vier Jahre anstatt drei, da es zusätzlich ein oder zwei Praxissemester zu absolvieren gilt. Wie auch bei der Universität hast Du hier eine breite Auswahl an möglichen Studienfächern. Der Abschluss an einer Fachhochschule ist von den Creditpoints her nicht unmittelbar mit dem der Uni zu vergleichen. Denn aufgrund des stärkeren Praxisbezugs leidet der Theorieteil, für den Creditpoints vergeben werden. Wenn Du also von der Fachhochschule auf eine Uni wechseln möchtest, solltest Du Dich darauf einstellen, vorher ein paar Zusatzleistungen einholen zu müssen. Als besondere Form der Fachhochschule gilt die „Hochschule für öffentliche Verwaltung". Wenn Du bei so einer Institution Deinen Abschluss machst, dann kannst Du eine Beamtenlaufbahn anstreben, beispielsweise bei der Polizei oder einer staatlichen Behörde. Auch hier stehen Praxissemester auf dem Programm, welche Du zum Beispiel bei einem Gericht ableisten kannst.

Übersicht aller Fachhochschulen

- www.studieren.de/fachhochschulen.0.html

Website des Bundes für öffentliche Verwaltung

- www.fh-bund.de

Übersicht über alle Hochschulen zur öffentlichen Verwaltung

- www.studis-online.de/StudInfo/hochschule.php?type=55

Private (Fach-) Hochschulen

Eine private Hochschule oder Fachhochschule ist wie ein Unternehmen. Als Student bist Du dort Kunde und zahlst in Form von Studiengebühren einen Preis für eine Dienstleistung. In diesem Fall für höhere Bildung. Der Jahresbeitrag variiert zwischen den unterschiedlichen Einrichtungen, kann im Jahr aber gerne mal 20.000€ bis 30.000€ betragen. Dafür bieten sie Dir einige Vorteile, wie beispielsweise hoch qualifizierte Dozenten, hochwertige Ausstattung oder kleine Arbeitsgruppen und damit die Chance auf eine stärkere Betreuung durch den Dozenten. Nicht jede private Uni ist staatlich anerkannt, weshalb sich hier ein genauer Blick auf die Uniwebsite lohnt. Denn bei einer nicht-anerkannten Bildungseinrichtung kannst Du zum Beispiel nicht mit BAföG rechnen. In vielen Fällen bieten die Unis eine Finanzierung über Studienkredite und Stipendien an. Die Absolventen sind in der Regel sehr gut für den Arbeitsmarkt qualifiziert und stehen bei potenziellen Arbeitgebern hoch im Kurs, was wohl einer der Gründe ist, warum private Hochschulen und Fachhochschulen immer beliebter werden. Wenn Du überlegst, diesen Weg einzuschlagen, dann solltest Du Dir eine Uni suchen, die sich bereits einen Namen gemacht hat und seit Jahren erfolgreich existiert. Denn wie jedes Unternehmen, kann auch eine Privatuni Insolvenz anmelden und Dein bisher erreichtes Studium wird mehr oder weniger auf Eis gelegt. Auf www.hochschulkompass.de/hochschulen/hochschulen-in-deutschland-die-hochschule.html kannst Du in der Suchfunktion nach privaten und staatlich anerkannten Hochschulen filtern und Dir einen recht guten Überblick über Deine Möglichkeiten verschaffen.

Die Berufsakademie (BA)

Ähnlich wie bei einer Ausbildung, ist die Berufsakademie (BA) eine Kombination aus Studium und praktischer Lehre, wobei die Praxis im Fokus steht. Meistens handelt es sich dabei um Fächer wie Betriebswirtschaftslehre oder technische Fächer. Du bist bei einem Unternehmen eingestellt, das Dir Dein Gehalt zahlt und wo Du arbeitest. Daneben hast Du Zeiten, in denen Du den Unterricht besuchen musst. Das Studium dauert drei Jahre und Du erhältst den Abschluss Diplom-BA oder Bachelor. Dabei handelt es sich jedoch nicht um einen akademischen Grad, sondern um den staatlich anerkannten Abschluss, den Du bei der Berufsakademie erwirbst. Am Ende wirst Du eine Abschlussarbeit verfassen müssen, die Du mit Deinem Unternehmen abstimmst. Berufsakademien sind gut nachgefragt, da es hier einen starken Praxisbezug gibt und Du sehr gute Chancen hast, nach dem Abschluss unmittelbar in den Beruf einzusteigen. Denn die Absolventen sind aufgrund ihrer Qualifizierung sehr vielversprechende Mitarbeiter für eine Firma. Wenn die Berufsakademie für Dich eine Option ist, dann solltest Du zum einen das Abitur in der Tasche haben. Darüber hinaus kommen oft weitere Einstiegsvoraussetzungen hinzu, wie etwa Eignungstests und Vorstellungsgespräche. Du findest Listen mit Unternehmen, die eine Ausbildung an der BA anbieten, im Internet auf den Websites der verschiedenen Berufsakademien. Manchmal veröffentlichen Firmen auch Inserate, um auf solche Angebote aufmerksam zu machen. Vielleicht kennst Du auch jemanden aus Deinem Umfeld, der in einer BA-Ausbildungsfirma arbeitet und Dir helfen kann. Ein solcher persönlicher Kontakt im Unternehmen kann für Dich als Bewerber Gold wert sein.

Links zu den Websites der Berufsakademien
- www.studies-online.de/StudInfo/hochschule.php?type=4

Noch eine Liste zu den Berufsakademien
- www.studieren.de/berufsakademien.0.html

Abschlüsse nach dem Studium

Im Rahmen des Bologna-Prozesses existieren bei Universitäten der Europäischen Union zwei Abschlüsse: Der Bachelor und der Master. Der Studienabschluss wurde also auf internationaler Ebene vereinheitlicht, umso gleiche Studienbedingungen sowie eine Gleichwertigkeit der Abschlüsse zu gewährleisten.

Der Bachelor

Um den Bachelorabschluss zu erhalten, musst Du sechs bis acht Semester studieren, um das wissenschaftliche Grundlagenwissen Deines Studienfachs zu erwerben. Je nach Studienschwerpunkt unterscheidet man bei den meisten Abschlüssen zwischen Bachelor of Arts und Bachelor of Science. Der Bachelor of Arts ist am häufigsten vertreten und gilt beispielsweise für Geisteswissenschaften, Gesellschafts- und Sozialwissenschaften und Wirtschaftswissenschaften. Der Bachelor of Science wird in Studiengebieten wie Ingenieurswissenschaften vergeben. Bei entsprechendem Schwerpunktthema kann er aber auch bei Wirtschaftswissenschaften verliehen werden. Daneben gibt es noch eine Reihe weiterer Bezeichnungen wie den Bachelor of Engineering, Bachelor of Education, Bachelor of Laws, Bachelor of Fine Arts oder den Bachelor of Business Administration, welche Dir bei Deiner Studiengangrecherche begegnen können.

Der Master

Nach dem erfolgreichen Bachelorabschluss kannst Du mit dem Master ein Aufbaustudium hinterherhängen, bei dem der Fokus nicht mehr auf breites Grundlagenwissen, sondern vertieftes Spezialwissen gelegt wird.

Staatsexamen

Dabei handelt es sich um den gängigen Abschluss für Juristen, Lehrer und Mediziner. „Staats"-Examen bedeutet hier nichts anderes, als dass die Prüfungsinhalte von Behörden festgelegt werden.

Promotion und Habilitation

Mit erfolgreichem Masterabschluss hast Du die Möglichkeit zu promovieren. Dabei schreibst Du eine Doktorarbeit und absolvierst die dazugehörige Prüfung.

Im Anschluss erhältst Du dann den ruhmreichen Doktortitel. Danach kannst Du eine Habilitation anstreben und Dir zusätzlich einen Professorentitel ergattern, mit dem Du berechtigt bist an der Universität zu unterrichten und zu forschen.

Bewerbung um einen Studienplatz

Je nach Universität und Studienfach, kannst Du bei Deiner Bewerbung auf verschiedene Zulassungsvoraussetzungen stoßen.

Keine Zulassungsbeschränkung

Wenn Deine gewünschte Uni über ausreichend freie Studienplätze verfügt und Dein Studienfach frei zugänglich ist, dann kannst Du Dich ohne Weiteres an der Uni einschreiben. Dazu genügt Dein Abizeugnis. Bei den meisten Unis kannst Du die Einschreibung, auch Immatrikulation genannt, online **vornehmen** und die noch fehlenden Dokumente, wie Dein Abschlusszeugnis, im **Nachhinein** per Post einreichen. Für die Einschreibung sind allerdings Fristen gesetzt. Informiere Dich bei den Websites der Universitäten, bis wann Du Dich **immatrikuliert** haben musst.

Zulassungsbeschränkung mit Numerus clausus (NC)

Wenn es in Deinem Studienfach nur eine begrenzte Anzahl an Plätzen gibt, nutzen die Einrichtungen gerne einen Numerus clausus als Zulassungsvoraussetzung. Damit ist der Notendurchschnitt auf Deinem Abizeugnis gemeint. Es werden also bevorzugt diejenigen angenommen, die nach der Schule die besten Noten vorzuweisen haben. Wenn Deine Noten nicht ausreichen sollten, hast Du noch eine Chance per Losverfahren in den Studiengang hineinzurutschen. Die Bewerbung kannst Du an die jeweilige Hochschule schicken. Läuft das Bewerbungsverfahren über die Stiftung für Hochschulzulassung, dann ist das Dein Ansprechpartner. Auf deren Website www.hochschulstart.de findest Du eine Schritt-für-Schritt-Anleitung über den Ablauf des Bewerbungsprozesses.

Neben diesem örtlichen Numerus clausus gibt es auch einen **bundesweiten**. Dieser gilt insbesondere für Studienfächer, die sehr begehrt sind und daher bundesweit einer Zulassungsbeschränkung unterliegen. Solche Fächer sind beispielsweise Medizin, Zahnmedizin, Pharmazie oder Tiermedizin. Der Bewerbungsprozess läuft dabei über die Stiftung für Hochschulzulassung ab.

Der NC für ein Studienfach wird immer erst nach Eingang aller fristgerechten Bewerbungen ermittelt. Gibt es deutlich mehr Bewerber als Studienplätze, dann fällt auch der NC entsprechend hoch aus. Wenn ausreichend Plätze vorhanden sind, dann fällt die Zulassungsbeschränkung weg. Deshalb kann es sich lohnen, sich auch mit einem schlechteren Notendurchschnitt zu bewerben. Wenn Du nicht direkt genommen wirst, dann gibt es vielleicht, je nach Studienfach und Universität, eine bestimmte Anzahl an Wartesemestern, die dir angerechnet werden können. In dem Fall stehst Du auf einer Warteliste und mit jedem vergangenen Semester erhöhen sich Deine Chancen, bei der nächsten Bewerberauswahl genommen zu werden. Dabei wird jedes Wartesemester Deinem Notendurchschnitt um einen bestimmten Wert angerechnet. Mit jedem Wartesemester verbessert die Uni also Deinen Notendurchschnitt, sodass dieser immer näher an den geforderten NC kommt. Dies gilt bis zur Höchstgrenze an anrechenbaren Wartesemestern.

So finanzierst Du Dein Studium

Das Leben als Student wird von vielen Menschen als die aufregendste Zeit ihres Lebens beschrieben. So schön diese Zeit aber auch sein mag, sie muss irgendwie mit Geld finanziert werden. Dabei hast Du mehrere Möglichkeiten, wie Du das nötige Kleingeld für Dein Studium auftreiben kannst:

- Staatliche Förderung in Anspruch nehmen
- Privat von den Eltern finanzieren lassen
- Ein Stipendium beantragen
- Eine Bank um Geld bitten
- Neben dem Studium arbeiten gehen

BAföG

Das Bundesausbildungsförderungsgesetz (BAföG) ist die allseits bekannte staatliche Finanzhilfe, wenn es darum geht, sein Studium oder eine andere Ausbildung zu finanzieren. Dazu stellst Du einen Antrag, der darüber entscheidet, ob und wie viel Geld Dir jeden Monat zusteht. Dabei werden unter anderem die finanziellen Verhältnisse von Dir und Deinen Eltern unter die Lupe genommen. Auf www.bafoeg-rechner.de kannst Du Dir vorab ein Bild davon machen, wie viel Geld Dir voraussichtlich zusteht. Grundsätzlich sollen die eigenen Ersparnisse immer zuerst aufgebraucht werden. Wenn also größere Rücklagen vorhanden sind, dann werden diese bei der Höhe der BAföG-Zahlungen berücksichtigt. Für die meisten Studenten führt kein Weg am BAföG vorbei, da es selbst mit einem Nebenjob schwierig werden kann, alle anfallenden Kosten zu decken. Etwa 700€ im Monat brauchst Du als Student zum Leben. Je nachdem, in welcher Stadt Du studierst, kann es auch mehr oder weniger sein. Die Hälfte von dem, was der Staat Dir ausgezahlt hat, musst Du ohne Zinsen zurückzahlen. Die Rückzahlungsphase beginnt in der Regel fünf Jahre nach Deinem Abschluss. Wenn Du besonders gute Noten erbracht hast und noch vor der Regelstudienzeit Dein Studium beendest, kann es sogar noch weniger werden. Dafür solltest Du dem BAföG-Amt Deine Leistungen aber auch unaufgefordert mitteilen. Das Studentenwerk Deiner Uni kann Dir beim Ausfüllen des Antrags helfen. Denn dieser ist nicht gerade leichte Kost. Lass Dich also beim Ausfüllen der Zeilen nicht allzu schnell abschrecken. Um BAföG zu erhalten, darfst Du nicht älter als 30 Jahre alt sein und bei Masterstudiengängen nicht älter als 35 Jahre. Alle Infos rund um das Thema BAföG findest Du auf der Seite des Bundesministeriums für Bildung und Forschung

- www.bafög.de.

Und noch ein wichtiger Hinweis: In Deutschland muss jeder Bürger krankenversichert sein, deshalb musst Du auch einen entsprechenden Nachweis vorlegen, um in der Uni angenommen zu werden. Wenn Deine Eltern gesetzlich krankenversichert sind und Dein Einkommen nicht so hoch ist, dass Du Sozialversicherungsbeiträge zahlen musst, dann kannst Du als Student bis zum 25.

Lebensjahr weiter bei Deinen Eltern mitversichert sein. Andernfalls bieten die Krankenkassen für Studenten einen speziellen Rabatt an. Mit etwa 60€ monatlich wirst Du rechnen müssen. Als Student, der BAföG bezieht, kannst Du vom BAföG-Amt auch einen Zuschuss zu diesem **Krankenversicherungsbeitrag** erhalten.

Deine Eltern

Deine Eltern sind während des Studiums weiterhin für Dich unterhaltspflichtig und daher gesetzlich dazu verpflichtet, sofern sie über ausreichend finanzielle Mittel verfügen, für Dein Studium (auch Ausbildung) aufzukommen. Wie viel Geld Dir genau zusteht, kannst Du in der Düsseldorfer-Tabelle (www.olg-duesseldorf.nrw.de/infos/Duesseldorfer_Tabelle/) ablesen. Die Beträge ändern sich regelmäßig. Natürlich können Deine Eltern Dir nicht mehr geben als sie haben. Denn auch sie brauchen etwas zu essen und zu trinken sowie ein Dach über dem Kopf. Idealerweise besprecht ihr euch und legt gemeinsam einen Betrag fest. Um hier eine passende Summe zu wählen, solltest Du Deine monatlichen Ausgaben genau kennen. Starte also einmal einen Test, um herauszufinden, wie viel Geld Du im Monat ausgibst und wo es am Ende landet. Mit diesem Wissen kannst Du dann gezielter und selbstbewusster in die Verhandlungen mit Deinen Eltern gehen. Denk auch daran, dass Deine Eltern während des Studiums oder einer Ausbildung noch Kindergeld für Dich erhalten, sofern Du nicht älter als 25 Jahre bist. Möglicherweise ist auch das eine Einnahmequelle, die Deine Eltern an Dich abtreten können.

Ein Stipendium

Es gibt in Deutschland eine ganze Reihe an Stiftungen, die Studenten während der Studienzeit mit einem Stipendium unterstützen. Dir Höhe der monatlichen Zahlungen ist, wie auch beim BAföG, stark vom Einkommen Deiner Eltern abhängig. Es gilt jedoch ein Sockelbeitrag, der auch als „Büchergeld" bezeichnet wird, welcher je nach Stiftung um die 300€ betragen kann. Der große Vorteil eines Stipendiums liegt darin, dass Du nichts zurückzahlen musst. Zudem kannst Du es in Deinem Lebenslauf aufführen, was ein zusätzlicher Pluspunkt ist. Denn um ein Stipendium zu bekommen, musst Du bestimmte Voraussetzungen erfüllen. Neben guten Noten zählen dazu auch ein außerschulisches Engagement sowie ein oder mehrere Gutachten von Deinen Dozenten oder, wenn Du bisher nur zur Schule gegangen bist, dem Schulleiter. Diese anspruchsvollen Bedingungen kennen auch viele Arbeitgeber, weshalb Du einen sehr guten Eindruck vermittelst, wenn Du nachweislich ein Stipendium erhalten hast.

Die wohl bekannteste Stiftung ist die Studienstiftung des deutschen Volkes. Sie zeichnet sich dadurch aus, dass sie überparteilich agiert und die Stipendiaten ein hohes Ansehen genießen. Warum überparteilich? Weil Stiftungen in der Regel einer Partei nahestehen können. Dies können Kirchen oder politische Parteien sein:

- Konrad-Adenauer-Stiftung – Nahestehend zur CDU
- Heinrich-Böll-Stiftung – Nahestehend zu den Grünen
- Friedrich-Ebert-Stiftung – Nahestehend zur SPD
- Friedrich-Naumann-Stiftung – Nahestehend der FDP
- Rosa-Luxemburg-Stiftung – Nahestehend zur Linkspartei
- Zudem fördert der Deutsche Gewerkschaftsbund Stipendiaten im Rahmen der Hans-Böckler-Stiftung

Auf den Seiten der jeweiligen Organisationen findest Du alle wichtigen Infos über die Aufnahmekriterien für ein Stipendium.

Seite der Arbeitsgemeinschaft der Begabtenförderungswerke
- www.stipendiumplus.de

Übersicht zu Stiftungen mit Förderprogrammen
- www.stiftungssuche.de/stipendien/

Studienstiftung des deutschen Volkes
- www.studienstiftung.de

Seite der Konrad-Adenauer-Stiftung
- www.kas.de

Seite der Friedrich-Ebert-Stiftung

- www.fes.de

Seite der Heinrich-Böll-Stiftung

- www.boell.de

Seite der Friedrich Naumann Stiftung

- www.freiheit.org

Seite der Rosa-Luxemburg-Stiftung

- www.rosalux.de

Studienkredite und Bildungsfonds

Hierbei nimmst Du einen Kredit auf, den Du nach Deinem Studium mit Zinsen zurückzahlen musst. Mittlerweile gibt es hier sehr viele Kreditanbieter mit unterschiedlichen Konditionen. Natürlich sollst Du darauf achten, einen möglichst geringen Zins zu erwischen. Wichtig ist aber auch, dass dieser Zins über die gesamte Vertragslaufzeit garantiert ist. Dann kannst Du ausrechnen, wie viel Geld Du später jeden Monat zurückzahlen musst. Ein Studienkredit muss mit Beginn der Rückzahlungsphase zurückgezahlt werden, auch wenn Du noch im Studium steckst oder noch keinen Job gefunden hast. Wenn Du auf einen Studienkredit zurückgreifen willst oder musst, dann solltest Du Dich zuerst bei der KfW-Förderbank erkundigen.

Daneben gibt es noch die Möglichkeit einer Förderung durch **Bildungsfonds**. Ein Anbieter wäre hier die Deutsche Bildung (www.deutsche-bildung.de). Im Rahmen eines Bildungsfonds werden vorzugsweise die Kandidaten unterstützt, welche die besten Chancen haben, nach dem Studium einen gut bezahlten Job zu finden. Hier kann bei den Rückzahlungsbedingungen vereinbart werden, dass Du einen bestimmten Prozentsatz Deines zukünftigen Bruttoeinkommens monatlich zurückzahlen musst. Abhängig von diesem Prozentsatz richtet sich die Dauer der Rückzahlungsphase. Wählst Du einen hohen Prozentsatz, dann zahlst Du viel zurück und wirst entsprechend eine kürzere Anzahl an Jahren zur Kasse gebeten. Hierbei wird deutlich, warum die Anbieter nur Leute fördern, von denen sie annehmen, dass sie später viel verdienen werden. Ein gut bezahlter Absolvent muss mit dem gleichen Prozentsatz eine höhere monatliche Rate zahlen, als einer mit den gleichen Konditionen, aber einem geringeren Einkommen. Solltest Du nach dem Studium keinen Job finden oder zwischenzeitlich arbeitslos werden, dann musst Du in der Zeit keine Beiträge entrichten. Studiengänge, die nur wenig Aussicht auf lukrative Jobs bieten, wie etwa Geisteswissenschaften, werden demnach nicht gerne gefördert.

Bei einer Finanzierung über einen Kredit startest Du mit recht großen Schulden in das Arbeitsleben, weshalb Du vorher alle anderen Möglichkeiten ausschöpfen und den Kredit als letztes Mittel der Wahl nutzen solltest.

Liste von Anbietern von Studienkrediten
- www.studis-online.de/Studinfo/Studienfinanzierung/studiendarlehen.php

Übersicht aller Bildungsfonds
- www.bildungsfonds.de

Infos zum Studienkredit der KfW
- https://www.kfw.de/inlandsfoerderung/Privatpersonen/Studieren-Qualifizieren/F%C3%B6rderprodukte/KfW-Studienkredit-(174)/

Website von Career-Concept als weiterer Anbieter von Bildungsfonds
- www.career-concept.com

Nebenjob während des Studiums

Wenn Du Dir neben der Uni noch etwas dazuverdienen möchtest, dann kannst Du das bis maximal 20 Wochenstunden während des Semesters tun. Kommst Du darüber hinaus, dann kannst Du beispielsweise Deinen Studentenrabatt bei der Krankenkasse verlieren. Solange Du einen Minijob ausführst, also nicht mehr als 450€ verdienst, musst Du auch keine Steuern oder Sozialabgaben zahlen. Besonders gut geeignet sind Ferienjobs. Innerhalb der Semesterferien kannst Du so mit einer geringen Lohnsteuer rechnen und über die 20 Stunden Arbeitszeit hinaus arbeiten, ohne Konsequenzen befürchten zu müssen.

Studium im Ausland

Wenn du Dein komplettes Studium im Ausland planst, dann ist die richtige Finanzierung umso wichtiger. Je nach Land können nämlich sehr hohe Studiengebühren und Lebenshaltungskosten anfallen. Darüber hinaus solltest Du zumindest die englische Sprache gut beherrschen und idealerweise sprichst Du auch die Landessprache. Auf der Seite des Deutschen Akademischen Austauschdienstes (DAAD) kannst Du Dir einen Überblick über mögliche Hochschulen im Ausland verschaffen.

Vielleicht willst Du aber auch nur für ein oder zwei Semester das Land verlassen? Dann solltest Du Dich frühzeitig an das akademische Auslandsamt Deiner Hochschule wenden. Hier erfährst Du alles nötige über mögliche Austauschprogramme, Finanzierungshilfen und sonstige Voraussetzungen. Zudem solltest Du ein ganzes Jahr an Planung einkalkulieren. Das alles auf eigene Faust zu erledigen ist gar nicht so einfach. Über das Programm Erasmus+ hast Du die Möglichkeit Dir helfen zu lassen. Hier bestehen nämlich Partnerschaftsabkommen zwischen den Hochschulen, welche Dir die Hürden in manches Ausland nehmen können. Informiere Dich mal an Deiner Hochschule, wer genau der Ansprechpartner für solche Erasmus-Angelegenheiten ist. Diese Person ist auch zuständig für das Auswahlverfahren. Mit Erasmus+ steht Dir eine Auswahl von über 30 Ländern zur Verfügung. Dabei kannst Du für maximal ein Jahr ins Ausland und bist von anfallenden Studiengebühren befreit. Hinzu kommt eine monatliche Förderung von etwa 500€ im Monat. Damit wirst Du kaum über die Runden kommen, weshalb Du Dich rechtzeitig um ein Auslands-BAföG oder ein zusätzliches Stipendium kümmern solltest. Informiere dich auch darüber, ob Deine im Ausland erbrachten Leistungen in Deutschland anerkannt werden. Bei Erasmus+ sollte dieser Punkt aber kein Problem darstellen. Denn aufgrund des European Credit Transfer Systems (ECTS), auch als Creditpoints bekannt, wurde ein Vergleich von Studienabschlüssen auf internationaler Ebene vereinfacht. Demnach wird Dir am Ende der Zeit an der Gast-Uni ein sogenanntes „**Transcript of records**" ausgestellt, auf dem die Anzahl an Creditpoints für Deinen Studiengang verzeichnet sind. Dieses ist bereits mit der Hochschule in Deutschland und der Gasthochschule abgestimmt. Am Ende wird dann nur noch Deine tatsächliche Leistung bewertet und Bilanz gezogen. Damit erhältst Du dann auch Deine Anerkennung.

Seite Deutscher Akademischer Austauschdienst

- www.daad.de

Infos zu internationalen Kooperationen deutscher Hochschulen

- https://www.hochschulkompass.de/ueber-uns/kooperationspartner.html

Website von Erasmus+

- www.erasmusplus.de

Infos zu ausländischen Bildungsabschlüssen

- www.anabin.kmk.org

Auslands-BAföG

Das Auslands-BAföG kannst Du für ein Studium, aber auch für eine Berufsausbildung im Ausland beantragen. Unter bestimmten Voraussetzung erhältst Du es auch für ein einjähriges Auslandspraktikum. Wenn Du bereits Empfänger von BAföG bist, dann steht Dir auch das Auslands-BAföG zu. Hierbei musst Du aber einen gesonderten Antrag stellen. Die Förderung fällt höher aus als im Inland, da Du zusätzlich zur normalen Grundförderung weitere Zuschüsse bekommst, wie etwa für die Hin- und Rückreise, die Studiengebühren oder die Krankenkasse. Dieser Zuschuss muss im Nachhinein auch nicht zurückgezahlt werden. Den Antrag solltest Du mindestens sechs Monate vor Deinem Reiseantritt stellen. Bei jedem Antrag werden die individuellen Umstände des Auslandsaufenthalts berücksichtigt. Grundsätzlich wird es aber gezahlt für:

- Ein vollständiges Studium innerhalb der EU oder der Schweiz.
- Ein Teilstudium im Ausland, wenn Du vorher mindestens ein Jahr in Deutschland studiert hast.
- Ein integriertes Studium, bei dem eine Kooperation zwischen einer deutschen und einer ausländischen Hochschule besteht.
- Ein Auslandspraktikum, wenn dieses in Deiner Studien- beziehungsweise Prüfungsordnung als zwingend erforderlich festgelegt ist.

Alles rund um das Thema Auslands-BAföG
- www.auslandsbafoeg.de

Die Selbstständigkeit – Sei Dein eigener Chef

Du hast eine super Geschäftsidee und es kribbelt Dir in den Fingern sie möglichst schnell umzusetzen? Dann hast Du mit Erreichen der Volljährigkeit jetzt die Möglichkeit dazu. Dies verlangt von Dir viel Einsatz und Disziplin ab, denn anders als in der Ausbildung oder im Studium, hast Du keine festen Strukturen und Abläufe die für Dich geregelt wurden und die es nur noch auszuführen gilt. Du wirst Dir alles selbst erarbeiten müssen und Dein Vorhaben wird Dir die eine oder andere lange Nacht bescheren. Noch vor einigen Jahren war die Vorstellung, dass junge Erwachsene sich unmittelbar nach der Schule selbstständig machen, absolut undenkbar. Die Eltern predigten ihren Schützlingen gebetsmühlenartig, wie wichtig es sei, zunächst eine solide Ausbildung oder ein Studium zu absolvieren, um etwas Brauchbares in den Händen zu halten. Mittlerweile hat sich der Geist der Zeit gewandelt und wir erleben eine Gründungswelle, die überwiegend jungen Start-Up-Unternehmen geschuldet ist, welche ihr Gewerbe meistens auf eine Online-Aktivität ausrichten. Wenn Du Dein eigener Chef sein willst, dann darfst Du Dich von den Menschen in Deinem Umfeld nicht verunsichern lassen. Denn wenn Du nicht gerade in einer Unternehmerfamilie groß geworden bist, dann herrscht in Deutschland noch überwiegend die Meinung, dass jemand, der selbstständig ist, sich ständig überarbeiten muss, um nicht irgendwann doch in der Insolvenz zu landen. Natürlich stellt dies ein Risiko dar, welches nicht unbegründet ist. Aber auch wenn es mit Deinem ersten Anlauf nicht allzu gut läuft, so war die investierte Zeit und Energie nicht umsonst. Denn durch Deinen Einsatz hast Du wertvolle Erfahrungen und Kompetenzen gesammelt, die Du so in einer Ausbildung oder einem Studium nicht bekommen würdest. Und das wird der Arbeitsmarkt auch honorieren, wenn Du Dich im Nachhinein dazu entscheiden solltest, doch eine Ausbildung anzustreben. Grundsätzlich gilt nicht nur für die Arbeitswelt, sondern für das ganze Leben: Habe keine Angst vor dem Scheitern! Ein Rückschlag, den Du konstruktiv verarbeitest, ermöglicht Dir eine steile Lernkurve, die Du durch einen Erfolg wahrscheinlich nicht bekommen würdest. Daher traue Dich ruhig möglichst schnell viele Fehler zu machen und ein Experte in dem zu werden, was Du tust. Wichtig dabei ist, dass Du einen Fehler nur ein Mal oder zumindest nicht zu oft machst. Denn das würde bedeuten, dass Du Dich nicht damit auseinandersetzt und demnach nicht aus Deinen Fehlern lernst.

Richtig gründen

Zuallererst musst Du Dir absolut sicher sein, dass Du in die Selbstständigkeit gehen möchtest und alle damit verbundenen Umstände in Kauf nimmst. Dazu zählt etwa, dass Du deutlich längere Arbeitszeiten haben wirst als Deine Freunde, Du hast kein geregeltes Einkommen und gerade in der Anfangszeit herrscht noch große Unsicherheit über den weiteren Fortbestand Deines Gewerbes. Entweder bist Du von vornherein der Typ Mensch, der für die Selbstständigkeit gemacht ist, oder Du musst lernen dieser Typ Mensch zu werden. Das funktioniert am besten, indem Du Dich in den Prozess hineinbegibst, die Herausforderungen nimmst wie sie kommen und stetig daran wächst. Allerdings ist vorher eine gründliche Planung unerlässlich für Deinen Erfolg als Unternehmer. Im Internet findest Du zahlreiche Selbsttests und Checklisten für angehende Gründer. Damit kannst Du ein genaueres Bild davon bekommen, inwieweit Du „Gründer-Gene" besitzt und zudem erhältst Du einen Überblick über die einzelnen Aspekte, die bei einer selbstständigen Tätigkeit von Bedeutung sind. In jedem Fall musst Du über betriebswirtschaftliches Grundwissen verfügen. Wenn Du an keiner Schule mit einem wirtschaftlichen Schwerpunkt warst, dann wirst Du Dir das benötigte Wissen selbst aneignen müssen. Denn Du wirst zum Beispiel am Jahresende dem Finanzamt einen Gewinn oder Verlust vorlegen und nachweisen müssen. Das gelingt nur mit einer anständigen Buchführung.

Weiterhin zählt zu einer guten Vorbereitung auch eine detaillierte Konkurrenz- und Marktanalyse. Wenn Du eine brillante Geschäftsidee hast, dann prüfe einmal, ob diese Idee am Markt bereits vertreten ist und wie viele Konkurrenten es gibt. Wie setzen diese Konkurrenten die Idee um und wie könntest Du es besser machen? Hat der Markt noch Platz für Dich oder ist er bereits gesättigt? Was für Preise sind die Kunden bereit zu zahlen? Wie kannst Du Dir als Neuling einen Wettbewerbsvorteil gegenüber eingesessenen Unternehmen in diesem Bereich sichern? Wie Du hier liest, ist ein solcher Check-Up des Marktes nicht mal eben in einer Stunde erledigt. Du solltest Dir also ausreichend Zeit mit Deiner Analyse nehmen und die Sache gründlich angehen. Denn wenn diese Grundbedingungen für Deine Idee nicht erfüllt sind, dann kannst Du auch noch so fleißig sein, Dein Vorhaben wird höchstwahrscheinlich scheitern. Wenn die Entscheidung zur Gründung dann getroffen ist, machst Du Dich an die Finanzplanung ran. Schließlich musst Du Dich auch irgendwie finanzieren. Dazu kannst Du auf Förderprogramme oder Investoren zugehen. Auch die Bundesagentur für Arbeit bietet mittlerweile Unterstützung an, wie beispielsweise mit dem Existenzgründerzuschuss. Darüber hinaus kannst Du Deine Idee bei Start-Up-Wettbewerben präsentieren und eine Förderung erhalten. Oder Du überzeugst viele Menschen mittels Crowdfunding von Deiner Idee und sammelst die finanzielle Starthilfe durch Spenden ein. Wenn Du Dich gemeinsam mit einem Freund oder einer Freundin selbstständig machen möchtest, dann solltet ihr alle Absprachen in einem Vertrag festhalten. Auch wenn ihr euch noch so gut versteht, so ist es nahezu unvermeidlich im Laufe einer Geschäftsbeziehung auch mal Streit zu haben und sich uneinig zu sein.

Selbsttest und Checklisten für angehende Gründer
- www.existenzgruender.de/DE/Gruendung-vorbereiten/Entscheidung/Ihre-Qualifikation/Gruendertests/inhalt.html

Sämtliche Infos zu einer Unternehmensgründung
- www.gruenderlexikon.de

Übersicht zu Förderprogrammen
- www.existenzgruender.de/selbstaendigkeit/finanzierung/foerderprogramme/index.php

Beispiele erfolgreicher Gründer
- www.deutscher-gruenderpreis.de

Teil IV - Banken, Versicherungen und Vermögensaufbau

Das Girokonto für Erwachsene

Sehr wahrscheinlich hast Du schon seit Längerem ein Girokonto und kannst bestens mit Girocard und Geldautomat umgehen. Allerdings haben Girokonten für Minderjährige spezielle Konditionen, wie zum Beispiel die Befreiung von Kontoführungsgebühren. Mit der Volljährigkeit ändert sich das und Du solltest ein paar Dinge beachten.

Du musst Dein Konto nicht länger bei Deiner bisherigen Hausbank führen, sondern kannst Dir, ohne Zustimmung Deiner Eltern, ein neues bei einer Bank Deiner Wahl eröffnen. Dabei gibt es Geldinstitute, die lokal in nahezu jedem Örtchen vertreten sind und andere Banken, bei denen man nur sehr wenige bis gar keine Filialen findet. Heutzutage regeln die meisten Menschen ihre Bankangelegenheiten online und daher fragst Du Dich vielleicht, wofür Du überhaupt eine Filiale brauchst. Solange alles gut läuft, benötigst Du keinen direkten Ansprechpartner. Allerdings ist es nur eine Frage der Zeit, bis die ersten Komplikationen auftreten und dann ist ein persönlicher Bankberater vor Ort sehr hilfreich. Solche Komplikationen können zum Beispiel sein:

- Du hast Deine Karte verloren, sie wurde gesperrt oder vom Geldautomaten verschluckt.
- Eine Überweisung ist schiefgelaufen.
- Du bist einem Betrug zum Opfer gefallen.
- Es gibt Probleme mit Deinem Online-Banking-Zugang.
- Du brauchst eine Beratung zu komplexen Produkten wie Kredite oder den Bafög-Antrag.

Als Alternative gibt es eine Vielzahl von Online-Banken ohne Filialen, welche mit günstigen oder sogar kostenlosen Girokonten locken. Hier solltest Du Dir ganz genau die Bedingungen der Bank durchlesen. Ein vermeintlich kostenloses Girokonto kann stattdessen hohe Kosten bei einzelnen Serviceleistungen haben, wie beispielsweise Gebühren pro Überweisung. Im Grunde gibt es kaum Girokonten, die WIRKLICH kostenlos sind.

Wenn Du Dich für eine Bank entscheidest, dann verpflichtest Du Dich nicht, ausschließlich und für alle Zeit hier Dein Konto zu führen. Hier Du hast die freie Wahl, allerdings kann Dich eine Bank auch ablehnen. Dies kann vorkommen, wenn Du monatlich ein zu geringes Einkommen erzielst oder Du zu viele Schulden hast. Allgemein ist es immer im Interesse der Banken, dass das Konto auch als sogenanntes Einkommenskonto genutzt wird, also Dein Gehalt oder Lohn hier eingezahlt wird. Spätestens mit dem Eintritt ins Berufsleben ist ein Girokonto unerlässlich. Fast alle Zahlungen, die wir heutzutage tätigen, erfolgen bargeldlos. Egal, ob Du den Wocheneinkauf erledigst, Deine Miete zahlst oder ein Abo abschließt. Der Leitsatz „nur Bares ist wahres" gilt schon lange nicht mehr. Dabei gibt es einige Begriffe, die Dir bei Deinen Bankgeschäften immer wieder begegnen werden und die wir uns hier einmal anschauen.

Wenn Du auf der Suche nach einem kostenlosen Girokonto bist, dann können Dir folgende Seiten weiterhelfen. Die Banken können aber von heute auf morgen ihre Bedingungen ändern. Daher solltest Du Dich immer über die aktuellen Konditionen informieren:

- www.kostenloser-girokonto-vergleich.de
- www.girokonto.org

Girocard/EC-Karte

Sie dürfte Dir ganz gut bekannt sein, die Girocard beziehungsweise EC-Karte. EC steht für „Eurocheque" und in Deutschland ist diese Karte das gängige Mittel, um bargeldlos zu bezahlen oder Bargeld am Automaten abzuheben. Sie funktioniert auch in vielen Ländern außerhalb Deutschlands, sowohl an den Kartenlesegeräten als auch an den Automaten, auch wenn hier oft hohe Gebühren für das Abheben anfallen können. Wenn Du eine Auslandsreise planst, solltest Du Dich sicherheitshalber bei Deiner Bank über die Konditionen im jeweiligen Ausland schlaumachen. In vielen Ländern, wie beispielsweise den USA oder Kanada, ist die Kreditkarte das allgegenwärtige Mittel für bargeldlose Zahlungen.

Sie wird teilweise sogar an Münzautomaten für Waschmaschinen benötigt, da diese keinen Schlitz mehr für Münzen besitzen und nur die Kreditkarte verwendet werden kann.

PIN

Die PIN ist Deine „persönliche Identifikationsnummer" und wird benötigt, wenn Du mit Deiner Girocard Geld vom Automaten abheben willst oder an der Kasse bargeldlos bezahlen möchtest. Diese PIN besteht meistens aus vier Ziffern und Du solltest sie im Kopf haben und nirgendwo aufschreiben (schon gar nicht auf der Girocard oder einem Zettel im Portemonnaie). Du solltest immer etwas Bargeld in der Tasche haben, denn wenn Du mal beim Dönermann essen möchtest, bringt Dir die Girocard recht wenig. Trage aber nicht zu viel Bares mit Dir herum, denn dadurch bist Du eher geneigt auch mehr auszugeben. Außerdem kann es immer mal passieren, dass man sein Portemonnaie verliert. In dem Fall wäre es ärgerlich, wenn mal eben 100€ flöten gehen. Sollte Deine Geldbörse wirklich mal abhandenkommen und Du hast schon überall gründlich danach gesucht, rufst Du Deine Bank an und lässt alle Karten sperren. Anschließend wird Dir Ersatz zugeschickt.

Online-Banking

Das Online-Banking ermöglicht es Dir Deine Bankgeschäfte bequem von zu Hause oder unterwegs mit Handy oder Computer abzuwickeln. Überweisungen ausführen, Daueraufträge einrichten, Abbuchungslimit am Geldautomaten anpassen und vieles mehr lässt sich auf diese Weise regeln. Dabei musst Du für einen Auftrag, beispielsweise eine Überweisung, eine sogenannte TAN am Ende des Prozesses eingeben. Dabei handelt es sich um eine Nummer, welche zusätzlichen Schutz vor unberechtigten Zugriff auf Dein Konto sicherstellen soll. Mittlerweile werden die TANs per App der jeweiligen Bank generiert. Du kannst sie mit Deinen Login-Daten abrufen. Es gibt aber auch noch andere Möglichkeiten die TAN zu erhalten. Damals wurden TAN-Listen verschickt, bei denen man der Reihe nach die jeweilige TAN eingeben und nach erfolgreicher Nutzung durchstreichen musste. Daneben gibt es den TAN-Generator, der vor allem von den Sparkassen bekannt ist. Dieser sieht aus wie ein kleiner Taschenrechner. Mithilfe Deiner Girocard kannst Du auch damit eine TAN für einen Auftrag generieren.

Manche Banken schicken die TAN auch per SMS zu. Bei der Einrichtung Deines Online-Bankings wirst Du wahrscheinlich die Wahl zwischen mehreren TAN-Verfahren haben. Daneben erhältst Du von Deiner Bank Zugangsdaten wie Benutzername und eine PIN zum Einloggen. Achtung: Diese PIN ist nicht dieselbe die Du verwendest, um mit der Girocard Bargeld abzuholen oder an der Kasse zu bezahlen. Es handelt sich eher um ein Login-Passwort, welches Du gemeinsam mit Deinem Bankberater einrichtest. Wer sich aber nur selten online einloggt, vergisst dieses Passwort schon mal gerne und versucht es verzweifelt mit der Girocard-PIN. Machst Du zu oft eine falsche Eingabe, wird Dein Online-Banking-Zugriff sicherheitshalber gesperrt und Du musst Dich an Deinen Bankberater wenden, um die Entsperrung zu veranlassen.

IBAN

Das steht für „International Bank Account Number" und es ist eine Zahl, die in Deutschland aus bis zu 27 Zeichen besteht. Ausländische IBANs können auch länger sein. Du findest die IBAN auf Deiner Girocard. Früher musste man bei Zahlungsabwicklungen immer die Kontonummer und die Bankleitzahl (BLZ) angeben. In der IBAN sind diese Daten bereits erfasst und sie gibt Auskunft über das Land, in dem Deine Bank ansässig ist, das genaue Geldinstitut samt Standort und Dein ganz persönliches Konto.

BIC/SWIFT

Mit diesem Code soll die Bank, bei der Du Dein Konto führst, eindeutig identifiziert werden. Du findest BIC beziehungsweise SWIFT auf Deiner Girocard. Diesen musst Du manchmal bei Überweisungen angeben, wobei bei den meisten Zahlungsabwicklungen mittlerweile die IBAN als einzige Kontoinformation ausreicht.

Kontoauszüge

Ein Kontoauszug gibt Dir Auskunft darüber, wohin Dein Geld gegangen und woher es gekommen ist. Saldo bedeutet hier nichts anderes, als Dein Kontostand. Dabei wird Dein alter Saldo genannt, anschließend folgen die Zahlungsströme, also Geld, welches ein- und abgegangen ist sowie zum Schluss der neue Saldo. Du solltest jeden Kontoauszug überprüfen und alle Abbuchungen nachvollziehen können. Es kann vorkommen, dass Geld abgebucht wurde und Du nicht weißt wofür. Es kann sich um einen Fehler handeln, aber auch um einen Betrug. In dem Fall solltest Du das Geld auf Dein Konto zurückbuchen lassen, entweder per Online-Banking oder Du wendest Dich an Deinen Ansprechpartner in der Filiale. Eine Rückbuchung solltest Du schnell in die Wege leiten, da es hier Fristen gibt, innerhalb derer Du Dein Geld zurückholen kannst. Damals musste man an den Kontoauszugsautomaten in der Bank gehen oder die Auszüge wurden mit der Post zugeschickt. Heute kannst Du mithilfe des Online-Bankings Deine Kontoauszüge in Dein digitales Postfach erhalten und sie als PDF-Datei abspeichern. So oder so musst Du Deine Kontoauszüge chronologisch sortiert aufbewahren. Denn es wird früher oder später dazu kommen, dass Du Zahlungsnachweise bei Behörden vorlegen musst. Wenn Du hier alle Kontoauszüge parat hast, dann ersparst Du Dir damit eine Menge Sucherei und Stress.

Überweisung

Bei einer Überweisung gibst Du Deiner Bank den Auftrag, Geld von Deinem Konto an ein Empfängerkonto zu senden. Das kannst Du per Online-Banking machen oder Du reichst einen Überweisungszettel bei Deiner Bank ein. Bei letzterem dauert es in der Regel länger, bis das Geld tatsächlich auf dem Empfängerkonto angekommen ist. Du solltest bei wichtigen Überweisungen mit einem bis drei Werktagen rechnen. Wie lange das Geld braucht, bis es angekommen ist, hängt unter anderem auch davon ab, ob das andere Konto bei derselben Bank geführt wird oder nicht. Mit einer Blitzüberweisung hast Du die Garantie, dass das Geld am nächsten Tag ankommt, dafür musst Du aber auch eine kleine Gebühr bezahlen. Am schnellsten ist die Echtzeit-Überweisung per Online-Banking, bei der das Geld nur wenige Sekunden nach Verschicken des Auftrags beim Empfänger ankommt. Voraussetzung dafür ist jedoch, dass die Bank des Empfängers ebenfalls die Echtzeit-Überweisung anbietet. Bei Zahlungen, die Du regelmäßig tätigen musst, kann ein Dauerauftrag oder eine Einzugsermächtigung per Lastschrift sinnvoll sein.

Dauerauftrag

Wenn Du regelmäßig eine Überweisung durchführen musst und keine Lust hast, jedes Mal alles per Hand einzutippen, dann kannst Du einen Dauerauftrag einrichten. Dabei gibst Du einen Empfänger samt Kontoinformationen wie IBAN und BIC an sowie den Betrag, der überwiesen werden soll. Dann wählst Du einen Termin aus, zu dem die Überweisung stattfinden soll und schon läuft alles automatisch. Du kannst einen Dauerauftrag in der Filiale Deiner Bank oder mittels Online-Banking einrichten. So ein Dauerauftrag wird zum Beispiel gerne bei Mietzahlungen verwendet. Aber Achtung: Zahlungen per Dauerauftrag können nicht zurückgebucht werden. Wenn Du also irgendwann umziehst und vergisst den Dauerauftrag zu löschen, dann wird weiterhin die Miete für Deine alte Wohnung abgebucht. Selbstverständlich muss der Vermieter diesen Betrag wieder zurückzahlen. Solltet ihr im Streit auseinandergegangen sein, kann es schon mal vorkommen, dass er sich mit der Rückzahlung Zeit lässt, um Dir das Leben etwas schwerer zu machen. Solche Zahlungen vom Empfänger zurückzufordern kann immer stressig werden. Daher achte darauf einen Dauerauftrag rechtzeitig zu löschen, wenn er nicht mehr benötigt wird.

Lastschrift

Du kannst jemandem eine Lastschrift erteilen und gibst damit Deine Erlaubnis, einmal oder regelmäßig von Deinem Konto Geld abzubuchen. Dies kann zum Beispiel das BAföG-Amt sein, welches die Rückzahlungsraten einzieht. Diese Einzugsermächtigung wird mit einem Formular erteilt, welches meist mit einem Vertragsabschluss zugesendet wird, wie etwa ein Handytarif. Du erteilst damit also jemand anderem in einem gewissen Rahmen Zugriff auf Dein Konto. Wenn Du auf den Kontoauszügen eine Abbuchung feststellst, die ungerechtfertigt ist, dann musst Du bei Deiner Bank schnellstmöglich das Geld zurückbuchen lassen.

Deine erste Kreditkarte

Mit der Volljährigkeit hast Du das Recht, bei Deiner Bank eine Kreditkarte zu beantragen. Anschließend wird geprüft, ob Deine Bonität ausreicht, um Dir eine solche Karte anzuvertrauen. Unter Bonität versteht man, ganz allgemein gesagt, Deine Zahlungsfähigkeit und Dein Zahlungsverhalten. Wie hoch ist Dein monatliches Einkommen? Wie hoch sind Deine Schulden? Ist Dein Konto für Zahlungen immer gedeckt oder hast Du oft Rücklastschriften? Wie viel Geld hast Du zur sofortigen Verfügung auf der hohen Kante (Liquidität)? Dies sind nur ein paar Merkmale, die über die Bewilligung Deines Antrags entscheiden.

Liegt die Genehmigung aber einmal vor, bietet Dir eine Kreditkarte zusätzliche Freiheiten. Je nach Einstufung Deiner Bonität erhältst Du für die Karte einen bestimmten Kreditrahmen. Der Vorteil einer Kredit- im Vergleich zu einer EC-Karte besteht also darin, dass Du mit der Kreditkarte bezahlen kannst, auch wenn Dein Konto zu dem Zeitpunkt nicht gedeckt sein sollte. Du erhältst also gewissermaßen einen Kredit, den Du mit der nächsten Abrechnung (in der Regel monatliche Abrechnung) zurückzahlen musst. Der Betrag wird dann von Deinem hinterlegten Konto abgebucht. Dies kann zum Beispiel nützlich sein, wenn Du Dir eine Anschaffung leisten möchtest, Dein Gehalt aber erst nächste Woche auf Dein Konto fließt. Aber Achtung: So groß die Verlockung auch sein mag, solltest Du Dir niemals eine banale Anschaffung leisten, für die Du das Geld nicht hast. Auf diese Weise kannst Du schnell in die Schuldenfalle tappen! Beträgt der Kreditrahmen für Deine Karte beispielsweise 5.000€, dann kannst Du bis zu diesem Betrag Zahlungen tätigen. Wenn Du ausschließlich mit der Kreditkarte bezahlst, dann summieren sich auch die kleinen Beträge und man ist entsetzt, wie hoch die nächste Abrechnung plötzlich ausfällt. Neben dieser klassischen Art von Kreditkarten, gibt es auch solche, die Du mit einem Guthaben aufladen musst, um damit zu bezahlen. Mehr als dieses Guthaben kannst Du dann nicht ausgeben, was Dich vor einer Verschuldung schützen kann.

Ansonsten funktioniert die Kreditkarte in der Anwendung ähnlich wie die bekannte Girocard. Man hinterlegt die Daten in einem Online-Shop (Inhaber, Kreditkartennummer, Gültigkeit, Prüfziffer usw.) oder hält sie an das Kartenlesegerät im Supermarkt und gibt anschließend die PIN ein. Als zusätzliches Sicherheitskriterium gibt es mittlerweile auch eine App für Kreditkarten. Jedes Mal, wenn Du online etwas kaufst, musst Du über die App bestätigen, dass dieser Kauf auch in Ordnung ist. Ein weiterer Vorteil besteht darin, dass die Kreditkarte für manche Dinge als einziges Zahlungsmittel akzeptiert wird, wie das Buchen eines Mietwagens oder der Einkauf bei einigen amerikanischen Online-Shops und Online-Dienstanbietern.

Der Dispokredit - Mit dem Konto ins Minus gehen

Ein Dispokredit für Dein Konto bedeutet, dass Du es überziehen und ins Minus gehen kannst. Auch das ist Dir jetzt mit der Volljährigkeit erlaubt. Vorausgesetzt die Bank hat, genau wie bei der Kreditkarte, Deine Bonität geprüft und Dich für würdig befunden, einen Dispokredit in Deiner ganz individuellen Höhe zu erhalten. In welcher Höhe Dein Dispo genehmigt wird, hängt wieder ganz von Deiner Zahlungsfähigkeit und Deinem Zahlungsverhalten ab (Regelmäßiges Einkommen, Rücklastschriften, Liquidität usw.)

Ein Dispokredit ist sehr teuer, denn Du zahlst für die Überziehung einen Zinssatz, der in der Regel nicht unter 10% bis 12% liegt. Je nach Dispovertrag, werden die anfälligen Zinsen in einem festgelegten Intervall (oft vierteljährlich) fällig. Bist Du für lange Zeit mit einem recht hohen Betrag im Minus, musst Du also mit entsprechenden Kosten rechnen. Mit Zahlung der Zinsen ist der Dispokredit jedoch nicht getilgt, sondern Dein Konto bleibt weiter im Minus und es sammeln sich neue Zinsen an. Du musst also wieder auf null kommen und Geld auf Dein Konto einzahlen. Wenn du keine finanziellen Rücklagen hast, dann hilft hier nur sparen. Du solltest es so weit es geht vermeiden vom Dispo Gebrauch zu machen. Hin und wieder ist er aber der Retter in der Not. Wenn es mal zu unvorhergesehenen, finanziellen Belastungen bei Dir kommt, dann kann es schon sehr hilfreich sein, wenn Du trotz unzureichender Kontodeckung Deine Miete zahlen kannst. Auch wenn das bedeutet, dass Du nächsten Monat etwas kürzertreten musst, um den Dispo nicht noch weiter auszureizen. Daher sind geringe, kurzfristige Dispokredite grundsätzlich eine gute Sache.

Verträge und ihre Tücken

Im Erwachsenenleben werden Dich Verträge immer begleiten und einen festen Bestandteil Deines Lebens darstellen. Du solltest also wissen, worauf Du achten solltest, welche Verträge Du überhaupt brauchst und auf welche Du verzichten kannst. Denn wenn Dir hier ein Fehler unterläuft, dann ist es in der Regel nicht möglich, ohne Weiteres aus dem Vertrag auszutreten und Du verpflichtest Dich über einen gewissen Zeitraum regelmäßig Geld zu bezahlen. Auch hier kannst Du Dich nicht mehr an Deine Eltern wenden, sondern musst die Konsequenzen einer Fehlentscheidung tragen. Verträge sind sehr kryptisch formuliert und in juristischer Sprache gehalten, die kaum jemand zu verstehen. Das liegt daran, dass diese aufwendigen Formulierungen in erster Linie die Wünsche Deiner Vertragspartner schützen sollen. Dabei kommt es nicht selten vor, dass Stolpersteine eingebaut sind, die Du erst bemerkst, wenn Du den Vertrag in Anspruch nehmen willst.

So kann es sein, dass eine Versicherung bestimmte Kosten nicht übernimmt und Du selbst für einen Schaden aufkommen musst. Oder Du hast Dich im Schadenfall zu einem Eigenanteil verpflichtet, den Du selbst tragen musst. Oft macht man erst Jahre nach dem Abschluss einer Versicherung Gebrauch davon und vergisst dabei schnell, dass so ein Eigenanteil vereinbart wurde. Plötzlich wird man doch zur Kasse gebeten und muss 150€ oder 300€ selbst in die Hand nehmen. Die einzelnen Bedingungen eines Vertrages genau durchzulesen macht niemandem Spaß und ist sehr mühselig. Dennoch solltest Du dies unbedingt tun und die nötige Energie investieren. Wenn Dir eine Formulierung Bauchschmerzen bereitet oder Du sie nicht verstehst, dann musst Du Dir Hilfe suchen. Eltern und andere Verwandte könnten sich damit auskennen oder Du suchst die Beratungsstelle einer gemeinnützigen Organisation auf. Andernfalls kannst Du natürlich auch selbst einen Anwalt zur Hilfe nehmen. Das kostet jedoch Geld und nicht gerade wenig. Wenn Du dieses Geld nicht hast, dann sollte der Weg zum Anwalt das letzte Mittel sein, wenn Du vorher alle anderen Optionen ausgeschöpft hast.

Mit dem eigenen Geld richtig wirtschaften

Mit Geld richtig umzugehen wirst Du wahrscheinlich schon recht gut beherrschen. Schließlich musstest Du bisher zusehen, wie Du mit einem kleinen Taschengeld oder den Ersparnissen eines Ferienjobs zurechtkommen kannst. Mit der Volljährigkeit werden sich nun ein paar Dinge ändern. Zum einen hast Du jetzt einen höheren Betrag, der regelmäßig auf Dein Konto überwiesen wird. Ob Ausbildungsvergütung, BAföG, Nebenjob oder Unterstützung durch die Eltern, in jedem Fall hast Du jetzt mehr Geld zur Verfügung. Zum anderen werden sich aber auch Deine Ausgaben massiv verändern. Du musst Miete zahlen, Dein Auto tanken und warten oder Dein Essen selbst einkaufen. Alle Ausgaben, für die vorher Deine Eltern zuständig waren, musst Du jetzt selbst wuppen. Damit gehen auch neue Aufgaben und Verpflichtungen einher, die zuvor völlig unbekannt waren und den ungeübten 18-Jährigen schnell überfordern können. Auch wenn Deine Eltern noch weitestgehend wichtige Finanzangelegenheiten für Dich regeln, solltest Du Dich jetzt um einen bewussteren Umgang mit Geld bemühen. Zudem solltest Du Deine Eltern nicht allzu lange als Deine persönlichen Geldverwalter benutzen, da der verantwortungsvolle Umgang damit ein wichtiger Bestandteil des Erwachsenwerdens ist. Und diesen Umgang lernst Du nur durch eigenständiges Üben.

Um ein Gefühl für Deine Ausgaben zu kommen, kannst Du damit beginnen, ein paar Monate lang Buch zu führen. Am besten stellst Du erst mal fest, wie viel Geld Dir aktuell zur Verfügung steht. Also wie viel Bargeld hast Du und wie viel lagert auf Deinem Konto. Am Ende des Tages trägst Du alles in eine Liste ein, wofür Du heute Geld ausgegeben hast. Diese Liste muss nicht penibelst genau geführt werden. Die Beträge kannst Du auf- oder abrunden. Anschließend bildest Du sinnvolle Kategorien, in die Du Deine Ausgaben einsortieren kannst. Diese Kategorien können wie folgt aussehen:

- Miete, Telefon und DSL, Strom
- Kleidung
- Lebensmittel
- Hygiene/ Haare
- Haushaltswaren (Putzmittel, Klopapier usw.)
- Auto (Benzin, Steuern, Werkstatt)
- Monatskarte für Bus und Bahn
- Lehrmaterialien für Ausbildung oder Studium
- Freizeit (Kino, Kneipe, Veranstaltungen usw.)
- Sparen für allgemeine Rücklagen
- Sparen für Anschaffungen (Urlaub, Laptop, Weihnachtsgeschenke usw.)

So eine Liste zu führen kann schnell langweilig und lästig werden. Halte aber trotzdem durch und führe sie mindestens zwei bis drei Monate lang, es wird sich lohnen. Wenn Du das gewissenhaft machst, dann hast Du am Ende ein sehr genaues Bild davon, wie hoch Dein monatlicher Bedarf ist. Dabei werden vielleicht Kostenpunkte aufgedeckt, die Du vorher gar nicht auf dem Schirm hattest. Wenn Du weißt, wofür Du Dein Geld ausgibst, kannst Du Deine Ausgaben auch leichter optimieren und im Notfall schauen, worauf Du verzichten kannst oder an welcher Stelle Du zu viel ausgibst. Unter dem Suchbegriff „Haushaltsplaner" kannst Du im App-Store eine große Auswahl an hilfreichen Apps finden, die Dich bei Deiner Haushaltsführung unterstützen.

Kredite

Mit einem Kredit leihst Du Dir Geld bei einer Bank und zahlst dieses im Nachhinein samt Zinsen zurück. In Deinem jetzigen Lebensabschnitt sollten Kredite noch nicht infrage kommen. Außer vielleicht Studienkredite oder ein Gründungskredit, um den Start in Deine Selbstständigkeit zu ermöglichen. Daher ist grundsätzlich nichts falsch daran, sich bewusst zu verschulden. Allerdings solltest Du so was nicht unüberlegt machen, da Du Dich damit für längere Zeit an eine Bank bindest und bei Zahlungsunfähigkeit der Insolvenzverwalter vor der Tür steht. Immerhin zahlst Du bei einem Kredit letzten Endes mehr Geld, als Du eigentlich benötigt hast. Denn die Bank erhebt Zinsen, sie sind im Grunde der Preis, den Du für die Dienstleistung Geldausleihen bezahlst. Damit macht die Bank ihr Geschäft. Einen Kredit hast Du übrigens auch dann, wenn Du Dir eine Anschaffung, zum Beispiel ein Handy oder einen neuen Fernseher, auf Ratenzahlung kaufst. Viele Banken haben Online-Kreditrechner, mit denen Du mittels Zins, Kredithöhe und Laufzeit die monatliche Tilgungsrate berechnen kannst. Wenn Du Deine monatlichen Ausgaben vorher ermittelt hast, dann weißt Du auch, was am Ende des Monats übrig bleibt und kannst schauen, ob Du in der Lage wärst den Kredit zu bezahlen.

Man unterscheidet zwischen Konsum- und Investitionskrediten. Ein Konsumkredit nimmst Du auf, wenn Du Dir damit eine Anschaffung leisten möchtest, wie eine neue Couch, einen Fernseher, einen neuen Laptop oder eben das neueste Handy. Bei einem Investitionskredit leihst Du Dir Geld, um es in eine Sache zu investieren, bei der Du erwartest, später mehr Geld herauszuholen als Du an die Bank zurückzahlen musst. Das kann entweder ein Studienkredit sein oder ein Immobilienkredit für eine Wohnung oder ein Haus, welches Du nicht zum Wohnen, sondern als Kapitalanlage nutzen möchtest. Grundsätzlich sollst Du Dir merken: Konsumkredite sind keine gute Sache und Du solltest Sie immer vermeiden. Wenn Du damit einmal anfängst, dann ist die Verlockung beim nächsten Mal größer, nicht auf das neue iPhone hin zu sparen, sondern es direkt mit fremdem Geld kaufen zu können. Dies führt schnell dazu, dass Du die Übersicht über Deine Rückzahlungsraten verlierst. Zudem schmälern Konsumentenkredite Deine Bonität bei der Bank. Das kann dazu führen, dass Dir schlechtere Konditionen für das Ausleihen von Geld aufgebrummt werden. Auf etwas hin sparen ist hier viel sinnvoller. Wie Du in der oben vorgeschlagenen Kategorieliste sehen kannst, solltest Du einen Teil Deines Einkommens für Anschaffungen sparen und einen anderen Teil für allgemeine Rücklagen beiseitelegen. Wenn Du das konsequent machst, wirst Du ohne Probleme auf Kredite verzichten können. Übrigens: Die **allgemeinen Rücklagen** werden NIEMALS für Anschaffungen oder andere unnötige Dinge angerührt. Sie dienen als finanzielles Polster, welches mit der Zeit immer üppiger werden muss und nur im absoluten Notfall, wenn alle anderen Stricke reißen, herhalten soll.

In Deutschland ist jeder achte Mensch im Alter zwischen 18 und 20 Jahren verschuldet. Es ist also keine große Schande, wenn Du mal in eine Schuldenfalle tappst und Dir Mahnungen ins Haus flattern. So was kann passieren. Wichtig ist nur, dass Du das Problem nicht ignorierst oder vor lauter Panik verdrängst und nach hinten schiebst. Stattdessen musst Du es gezielt und mit Plan angehen. Denn wenn Du verschuldet bist und Beiträge nicht von Deinem Konto abgebucht werden können, da kein Geld drauf ist, dann bekommt das auch die **Schufa** mit. Das steht für „Schutzgemeinschaft für allgemeine Kreditsicherung". Die Schufa hat die Aufgabe, die Kreditwürdigkeit der Bürger zu prüfen. Damit sind Kreditgeber besser davor geschützt, unzuverlässigen Menschen Geld zu leihen. Wenn Du oft Rücklastschriften hast und viele Konsumentenkredite zurückzahlen musst, dann wirkt sich das auf Dein Punktesystem bei der Schufa aus. Demnach besitzt jeder von uns einen Wert, der Aussage darüber gibt, wie wahrscheinlich es ist, dass wir einen Kredit auch bis zum Schluss zurückzahlen werden oder eben wie groß das Risiko einer Nichtzahlung ist. Möchtest Du Dein neues Handy also auf Raten kaufen, dann wird vorher Deine Schufa geprüft. Wenn hier zu viele Negativmerkmale verzeichnet sind, dann wird Dir der Kredit verwehrt. Einmal im Jahr kannst Du kostenlos eine Selbstauskunft bei der Schufa beantragen, um festzustellen, welche Punkte bei Dir vermerkt sind und wie Dein aktueller **Schufa-Score** aussieht. Auf der Website der Schufa gibt es auch eine kostenpflichtige Selbstauskunft. Pass also auf, dass Du nicht die falschen Dokumente anforderst.

Mit der Volljährigkeit bist Du ab jetzt auch voll geschäftsfähig und haftest selbst für Deine Schulden. Viele von uns haben aber Glück und können sich im Ernstfall doch noch an die Eltern wenden. Sie werden über Dein Anliegen nicht begeistert sein, werden Dir aber vielleicht dennoch aus der Klemme helfen können. Wenn Du einen sehr hohen Schuldenberg angehäuft hast, der auch die Kapazitäten Deiner Eltern übersteigt, dann kannst Du Dich an eine gemeinnützige Schuldnerberatung wenden. Du solltest aber nicht erwarten, dass Dir andere Deine Probleme wie durch Zauberhand abnehmen und alles ist wieder gut. Deshalb zeig eigenen Einsatz und verschaffe Dir einen Überblick über Deine Schulden und über Möglichkeiten der Rückzahlung. Wenn Du nicht alle Fristen einhalten kannst, kannst Du auf Deine Gläubiger zugehen und ins Gespräch kommen. Wenn Du hier höflich und offen Deine Situation darstellst und beschreibst, wann Du wieder in der Lage bist Beträge zurückzuzahlen, wird man Dir auch entgegenkommen.

Selbstauskunft der Schufa

- www.meineschufa.de

Hier kannst Du nach Schuldnerberatungen suchen

- www.schuldnerberatungen.org

Tipps zum Geldsparen

Wenn es mal zu Schulden kommt, dann musst Du den Gürtel enger schnallen und sparen, um wieder möglichst schnell auf einen grünen Zweig zu kommen. Dabei kannst Du in einem ersten Schritt Deine Fixkosten anschauen, also laufende, feste Kosten, die gleich bleiben wie zum Beispiel Deine Miete, Abos oder Handyverträge. Stell Dir die Frage, ob Du das alles wirklich brauchst oder ob Du bei manchen Punkten sparen oder sogar ganz darauf verzichten kannst. Du solltest nicht an wichtigen Dingen sparen, wie etwa den Einkauf Deiner Lebensmittel. Wenn Du Dich zu lange minderwertig ernährst, schadest Du nur Deiner Gesundheit. Leider ist es so, dass wir am besten sparen können, indem wir auf die lieb gewordenen Dinge im Leben verzichten, wie den Einkauf von schicken Markenklamotten, auswärts essen zu gehen oder die Anschaffung von Multimediaprodukten wie Handys, Fernseher oder Soundanlagen. Um sein Konsumverhalten besser in den Griff zu bekommen, gibt es eine Reihe bewährter Methoden, die Dir dabei helfen können:

- Einkäufe vor Weihnachten sind meist teurer, wenn sie nicht in die Blackfriday oder Cybermonday Saison fallen. Anschaffungen, die nicht dringlich sind, solltest Du auf die Zeit nach den Feiertagen verschieben, da es hier viele Sonderangebote gibt.
- Gehe niemals hungrig einkaufen. Es ist erwiesen, dass der Hunger uns dazu antreibt mehr zu kaufen. Dies gilt insbesondere für Lebensmittel und den Imbisswagen auf dem Parkplatz.
- Der Einzelhandel packt die teuren Produkte so in die Regale, dass sie immer auf Augenhöhe sind und vom Kunden zuerst wahrgenommen werden. Schau immer weiter unten nach, denn dort befinden sich oft die günstigeren Artikel.

- Bei den Tiefkühltruhen liegen die teuren Sachen auf der rechten Seite. Da die meisten Menschen Rechtshänder sind, neigen sie eher dazu in diese Richtung zu greifen.
- Elektrogeräte verbrauchen auch dann Strom, wenn sie sich im Standby-Modus befinden. Damit Du nicht bei jedem Gerät am Abend den Stecker ziehen musst, kannst Du Dir eine Steckdosenleiste mit einem Netzschalter besorgen. Damit kannst Du alle Geräte mit einem Knopfdruck ausschalten. Auch wenn es so scheint, dass es sich hierbei nur um Pfennigbeträge handelt, so macht es aufs Jahr gerechnet einen spürbaren Unterschied bei Deiner Stromrechnung.
- Bei saisonalen Produkten schlägst Du am besten außerhalb der Saison zu. Eine Ausnahme gilt hier für Obst und Gemüse, denn das ist während der Saison günstiger, da es zu der Zeit im eigenen Land geerntet werden kann. Möchtest Du Dir aber Gartenmöbel für Deinen Balkon zulegen, dann bekommst Du diese in den Herbst- und Wintermonaten günstiger als im Sommer, wo die Nachfrage am größten ist. Als Hilfestellung kannst Du Dir dazu einen der vielen Saisonkalender im Internet anschauen, wie zum Beispiel auf www.regional-saisonal.de/saisonkalender.
- Wenn Du keine Flatrate fürs Telefonieren, aber WLAN in Deiner Wohnung hast, dann kannst Du Telefonate, soweit es geht, über das Internet führen. Das geht beispielsweise mit Apps wie WhatsApp, Skype, Google Hangouts oder FaceTime.
- Wenn Du etwas kochen möchtest, dann kannst Du das Wasser im Wasserkocher erhitzen, bevor Du es in den Topf gibst. Dadurch wird weniger Energie verbraucht, als wenn Du es von vornherein langsam im Topf aufkochen lässt. Das Salz solltest Du erst hinzugeben, wenn das Wasser bereits köchelt. Denn durch das Salz dauert das Erhitzen länger.
- Beim Lüften solltest Du das Fenster nicht auf Kippe machen, sondern es weit aufreißen und für fünf bis zehn Minuten stoßlüften. Dadurch wird die Luft im Zimmer schneller ausgetauscht und die Wände kühlen nicht aus, sodass Du die Wohnung nachher zügig wieder warm bekommst. Dasselbe gilt, wenn Du die Feuchtigkeit nach dem Duschen oder den Rauch nach dem Kochen loswerden möchtest.

Die Steuererklärung

Mit der Volljährigkeit hast Du jetzt auch das Recht, eine Steuererklärung abzugeben. Das wird mit Sicherheit nicht Dein neues Hobby werden, ist für die meisten von uns aber eine Notwendigkeit. Die Sätze der einzelnen Zeilen sind übersät mit juristischem Kauderwelsch und Paragrafen. Liest Du eine Zeile durch, musst Du einen bis drei Paragrafen googeln, was Dich zu zwei bis vier weiteren Paragrafen führt. Wenn Du nicht gerade juristisch veranlagt bist, dann wirst Du schnell feststellen, dass die Formulierungen im Bogen zur Einkommenssteuererklärung alles andere als kundenfreundlich sind. Mit der Zeit bekommst Du aber schnell den Bogen raus, da mittlerweile Online-Anwendungen wie Elster das Ausfüllen ein wenig erleichtern.

Wann musst Du eine Steuererklärung abgeben?

Wenn Dein Einkommen höher ist als das Existenzminimum, dann musst Du eine Steuererklärung abgeben. Bis zur Höhe dieses Existenzminimums musst Du Dein Einkommen nicht versteuern. Im Jahr 2022 liegt dieser Freibetrag bei 9.984€ im Jahr. Sobald Du mehr als 450€ verdienst, ist Dein Einkommen steuer- und sozialabgabenpflichtig. Die Steuer wird von Deinem Bruttolohn durch den Arbeitgeber automatisch an das Finanzamt geleitet. Das, was nach Abzug von Steuern und Sozialabgaben übrig bleibt, ist das Nettogehalt, welches Dir auf Dein Konto überwiesen wird. Hast Du auf das Jahr gesehen dann doch weniger verdient als den steuerfreien Grundbetrag, dann bekommst Du Deine gezahlten Steuern mit Abschluss der Steuererklärung wieder zurück. Wie kannst Du weniger verdienen als das, was Dir monatlich ausgezahlt wurde? Indem bei einer Steuererklärung verschiedene Arten von Ausgaben berücksichtigt werden, die Du im Jahr aufwenden musstest. Eine Ausgabenform sind beispielsweise Werbungskosten. Darunter versteht man alle Kosten, die Du aufbringen musstest, um Deinen Job ausführen zu können. Das sind zum Beispiel die Fahrtkosten, um zur Arbeit zu kommen. Wenn alle Kostenpositionen auf Dein Jahreseinkommen angerechnet werden, wird Dein zu versteuerndes Einkommen natürlich immer geringer und dadurch ändert sich die steuerliche Betrachtung.

Das Bundeszentralamt für Steuern verschickt Dir eine Steuer-Identifikationsnummer, welche Du Deinem Arbeitgeber mitteilen musst. Dadurch bist Du bei den Steuerbehörden registriert und sie können Dich entsprechend zuordnen und Deine Steuerzahlungen verwalten. Je mehr Du verdienst, desto höher ist der Steuersatz, mit dem Dein Einkommen versteuert wird. Dieser Steuersatz ist eine prozentuale Größe und steigt bis zum Höchststeuersatz (auch Reichensteuer genannt) von 45% (Stand 2022) an. Die Steuererklärung für das vergangene Kalenderjahr muss spätestens bis zum 31. Juli eingereicht werden. Du kannst aber auch eine Verlängerung bis Ende September beantragen. Wenn Du einen Steuerberater mit dieser Aufgabe beauftragst, dann hast Du bis zum Ende des Jahres Zeit. Die Steuererklärung wird vom Finanzamt Deines **Wohnorts** abgewickelt. Wenn Du Dich selbst an Deine Steuern ran machen möchtest, dann kannst Du das online über die Plattform „**mein Elster**" tun. Zuvor musst Du Dich aber registrieren und die Zugangsdaten werden Dir per Post zugeschickt. Dies kann schon mal eine oder zwei Wochen dauern. Also kümmere Dich rechtzeitig um Deine Registrierung. Wenn Du Schwierigkeiten haben solltest zu verstehen, was in die einzelnen Zeilen genau einzutragen ist, dann findest Du mittlerweile im Internet viele Hilfestellungen. Hier lohnt sich auch ein Blick auf Youtube-Tutorials, in denen teilweise ziemlich gute Anleitungen beschrieben sind. So oder so ist für das Ausfüllen ein wenig Einsatz und Recherchearbeit von Deiner Seite aus gefragt.

Anleitung zum Ausfüllen der Steuererklärung
- www.finanzen.de/erste-steuererklaerung

Seite des Bundeszentralamts für Steuern
- www.bzst.de/DE/Home/home_node.html

Online-Finanzamt Elster
- www.elster.de/eportal/start

Belege und Nachweise sammeln

Bei einer Steuererklärung geht es im Grunde darum, möglichst viele Kosten abzusetzen, um damit Dein zu versteuerndes Einkommen so weit es geht nach unten zu treiben. Damit reduzierst Du Deine Steuerlast und gelangst im Idealfall unter den Freibetrag. Du kannst Deine Kosten aber nur dann von der Steuer absetzen, wenn Du diese auch nachweisen kannst. Deshalb solltest Du alle relevanten Rechnungen und andere Nachweise über das Jahr verteilt sammeln und sorgfältig abheften. Du kannst auch alles einscannen und digital in einem Cloudspeicher wie Google Drive ablegen, damit Du keinen lästigen Papierkram hast und die Unterlagen sind auch dann noch griffbereit, wenn Dein Laptop oder die Festplatte den Geist aufgeben. Welche Rechnungen sind denn aber relevant? Dazu musst Du drei Kostenkategorien im Auge behalten: **Werbungskosten, Sonderausgaben und außergewöhnliche Belastungen.**

Wie bereits erwähnt, handelt es sich bei **Werbungskosten** um Ausgaben, die Du getätigt hast, um damit Dein Einkommen überhaupt gewährleisten zu können. Dazu zählt zum einen, dass Du Aktivitäten unternommen hast, um einen Job zu bekommen und zum anderen, um diesen Job zu behalten und zu sichern. Ein Beispiel wäre Deine Monatskarte für Bus und Bahn, mit deren Hilfe Du zur Arbeit kommst. Wenn Du Dich für einen Job bewirbst, dann kannst Du Aufwendungen für Bewerbungen, Porto, Zeugniskopien oder die Reisekosten zu Vorstellungsgesprächen steuerlich geltend machen. Das Finanzamt wird Dir zunächst einen Pauschalbetrag für die Werbungskosten anrechnen. Wenn Deine Aufwendungen diesen Betrag übersteigen, dann musst Du das mit entsprechenden Belegen nachweisen. Sind Deine Aufwendungen geringer, dann musst Du keine Nachweise einreichen und der Pauschalbetrag kommt zum Einsatz.

Bei **Sonderausgaben** handelt es sich um Aufwendungen, welche Du deshalb absetzen kannst, da sie vom Staat erwünscht sind. Dazu zählen zum Beispiel die Beiträge in eine private Altersvorsorge. Die gesetzliche Rente wird später nicht ausreichen, das weiß auch der Staat. Wenn die zukünftigen Rentner in die Armut fallen, müssen sie mit zusätzlichen Sozialleistungen vom Staat bezuschusst werden. Um diese Situation zu vermeiden belohnt Dich der Staat, wenn Du zusätzlich privat für Deine Rente sparst, indem Du die Beiträge als Sonderausgaben von der Steuer absetzen kannst. Dasselbe Prinzip gilt etwa für die Beiträge für eine Lebens-, eine Unfall- oder eine Haftpflichtversicherung. Der übergeordnete Begriff für diese Ausgaben heißt dann Vorsorgeaufwendungen. Daneben gibt es noch weitere Arten von Sonderausgaben, wie beispielsweise Spenden an wohltätige Stiftungen oder Ausgaben für Studium und Weiterbildung.

Wenn Du neben den alltäglichen Ausgaben zum Leben wie Miete, Lebensmittel oder Versicherungen zusätzlich eine besonders schwere Belastung hast, zum Beispiel aufgrund einer Krankheit oder Unterhaltszahlungen, dann kannst Du die damit entstehenden Aufwendungen als **außergewöhnliche Belastungen** teilweise von der Steuer absetzen. Auch die Berufsausbildung der Kinder oder die Kosten für Zahnersatz würden unter diese Kategorie fallen. Höchstwahrscheinlich bist Du davon aber noch nicht betroffen und hast noch etwas Zeit, bevor Du Dich mit solchen Dingen auseinandersetzen musst.

Abgeltungssteuer und Freistellungsauftrag

Die Abgeltungssteuer gilt für Gewinne, die Du aus Zinserträgen erwirtschaftest. Wenn Du also eine Geldanlage hast, auf die Du Zinsen bekommst und Dein Geld damit arbeiten und sich vermehren lässt, dann sind diese Gewinne aus Zinsen ebenfalls steuerpflichtig. Die Abgeltungssteuer beträgt 25% auf Dividenden, Zinsen, Fondsausschüttungen, Währungsgewinne und Kursgewinne. Du hast aber im Jahr einen steuerfreien Freibetrag von 801€. Wenn Deine Kapitalanlagen also nicht mehr Geld einbringen als dieser Betrag, dann musst Du die Gewinne nicht versteuern. Vorausgesetzt, Du hast für Deine Geldanlagen einen Freistellungsauftrag gestellt. Wenn Du mehrere Geldanlagen hast, bei denen Du Zinsgewinne erzielst, kannst Du auch mehrere Freistellungsaufträge stellen und den Gesamtbetrag von 801€ auf die Anlagen verteilen. Wenn Du bei einer Bank etwas abschließt, dann wird Dir der Berater in der Regel direkt einen Freistellungsauftrag mit ausdrucken und ihn unterschreiben lassen. Ansonsten findest Du das Formular sicher auf der Website. Es kann auch sein, dass die Bearbeitung Deiner Freistellungsaufträge mittels Online-Banking möglich ist. Du kannst den Freistellungsauftrag auf unbefristete Zeit erteilen, sodass Du ihn nicht jedes Jahr neu einreichen musst.

Absichern gegen die Risiken des Lebens - Versicherungen

Zugegeben, Versicherungen genießen kein hohes Ansehen und es gibt kaum etwas, dass weniger sexy ist als diese Verträge. Ein paar davon können aber sehr nützlich sein und kommen Dir zugute, wenn Du mal einen Schicksalsschlag erleidest. Denn keiner von uns ist vor lebensverändernden Risiken wie Krankheit oder Unfall gewappnet. Ebenso kann es schnell passieren, dass Du einem anderen Menschen versehentlich großen Schaden zufügst und dafür zur Kasse gebeten wirst. So ein Schadenfall kann Dich Deine finanzielle Existenz kosten, weshalb es einige Versicherungen gibt, die in Deutschland gesetzlich Pflicht sind. Eine davon hast Du bereits kennengelernt, nämlich die Kfz-Haftpflichtversicherung. Wenn Du mit Deinem Auto einen Sach- oder Personenschaden verursachst, dann kann das sehr teuer werden. Um die Bürger vor der Verschuldung zu bewahren, verpflichtet uns der Staat, uns vor solchen Folgen abzusichern. Aber nicht nur im Straßenverkehr, sondern auch in anderen Bereichen des Lebens kann es schnell mal teuer und ungemütlich werden. Einige Versicherungen solltest Du unbedingt abschließen, ein paar andere sind empfehlenswert, andere wiederum Luxus und auf manche kannst Du verzichten. Also lass uns einmal gemeinsam einen Blick auf die Versicherungslandschaft in Deutschland werfen.

Die gesetzliche Sozialversicherung

In Deutschland haben wir das Glück, eine Sozialversicherung zu haben. Diese besteht aus der gesetzlichen Renten-, Kranken-, Pflege-, Unfall- und Arbeitslosenversicherung. Dadurch ist Dir zum Beispiel eine gesetzliche Rente gesichert und wenn Du mal krank bist, dann kannst Du zum Arzt gehen ohne vorher überlegen zu müssen, ob Du Deine Gesundheit behandeln lassen möchtest oder ob Du diese Woche etwas zu Essen kaufen willst. Denn in vielen Ländern müssen die Menschen zahlen, wenn sie zum Arzt wollen. Ist das Geld knapp, dann müssen traurigerweise genau solche Entscheidungen getroffen werden. Sobald Du ein sozialversicherungspflichtiges Einkommen erhältst, werden von Deinem Bruttogehalt **Sozialversicherungsbeiträge** gezahlt. Damit bist Du **pflichtversichert** und wirst automatisch Mitglied in der gesetzlichen Sozialversicherung. Dein Einkommen ist sozialversicherungspflichtig, sobald Du mehr als die 450€ im Rahmen eines Minijobs verdienst. Bei einem Minijob fällt lediglich ein Beitrag zur gesetzlichen Rentenversicherung an, von dem Du Dich aber befreien lassen kannst, wenn Du einen entsprechenden Antrag bei Deinem Arbeitgeber einreichst. Das solltest Du aber nur in Betracht ziehen, wenn Du auf die paar Euro mehr wirklich angewiesen bist.

Wie Du bereits weißt, bist Du als Student oder Azubi weiterhin bei Deinen Eltern gesetzlich familienversichert, solange Kindergeldanspruch für Dich besteht. In der Regel gilt dies bis zum 25. Lebensjahr bei Ausbildung oder Studium. Davor warst Du während Deiner Kindheit und Jugendzeit ebenfalls mitversichert. Dasselbe gilt für Ehepartner, die kein sozialversicherungspflichtiges Einkommen erwerben und damit keine Beiträge zahlen. Auch sie sind automatisch im Rahmen der gesetzlichen Familienversicherung abgesichert. Wenn Du selbstständig bist, dann hast Du keinen Arbeitgeber, der die Beiträge von Deinem Bruttolohn an die Sozialversicherung zahlt. Deshalb bist Du hier für Deine Vorsorge selbst verantwortlich. Dabei kannst Du Dich privat versichern oder Du lässt Dich „**freiwillig gesetzlich versichern**", anstatt pflichtversichert zu sein. Ähnliches gilt für die gesetzliche Rentenversicherung. Du kannst weiterhin auf freiwilliger Basis Beiträge entrichten, um auf diese Weise Deine gesetzliche Rente aufzustocken, oder Du musst privat fürs Alter vorsorgen. Bei Arbeitnehmern werden die Beiträge zur Sozialversicherung zu jeweils fünfzig Prozent von Dir und Deinem Arbeitgeber getragen. Bei der Unfallversicherung zahlt der Arbeitgeber einhundert Prozent der Beiträge.

Gesetzliche Rentenversicherung

Lange Zeit gab es in Deutschland für Menschen nach dem Arbeitsleben die wohlverdiente Rente, die sich wirklich sehen lassen konnte. Heute gehört das Bild vom Opa im dicken Mercedes schon lange der Vergangenheit an. Wer heute in Rente geht bekommt kaum genug, um davon anständig leben zu können, weshalb viele über das gesetzliche Rentenalter hinaus arbeiten oder einen Nebenjob ausüben. Warum ist das so? Die Deutsche Rentenversicherung basiert auf dem sogenannten **Solidaritätsprinzip**. Das bedeutet, dass die jungen Leute, die arbeiten und damit Beiträge in die gesetzliche Rentenversicherung einzahlen, die Renten der aktuellen Rentner bezahlen. Wenn diese jungen Menschen alt werden und selbst in Rente gehen, sollen die neuen Generationen dafür ihre Renten übernehmen. So weit, so gut. Das Problem, welches in den letzten Jahrzehnten immer deutlicher wurde, ist der **demografische Wandel**. Hinter diesem Begriff steckt nichts weiter als die Altersverteilung der Menschen in Deutschland. Wir haben mittlerweile einfach zu wenig Nachkommen, die arbeiten und Sozialversicherungsbeiträge bezahlen, da die Geburtenrate zurückgegangen ist. Auf der anderen Seite hat sich das Gesundheitssystem seit Einführung unseres Rentensystems deutlich verbessert, weshalb die heutigen Rentner viel länger leben und damit die Altersrente für einen längeren Zeitraum gezahlt werden muss. Das bedeutet für Dich, dass Deine gesetzliche Rente nicht ausreichen wird, um Deinen bis dahin aufgebauten Lebensstandard weiterzuführen. Deshalb ist es zwingend notwendig, auch privat vorzusorgen. Wie viel Altersrente Dir am Ende Deines Arbeitslebens zusteht hängt davon ab, wie lange Du Beiträge entrichtet hast und wie hoch diese waren. Wenn Du also früh anfängst zu arbeiten und viel verdienst, dann bekommst Du auch mehr Rente. Die Rentenversicherung ist aber nicht nur für die **Altersrente** gedacht, also die Rente, die Du bekommst, wenn Du in Pension gehst. Sie gliedert sich zudem auf in die **Hinterbliebenenrente** und die **Erwerbsminderungsrente**.

Die Hinterbliebenenrente erhalten minderjährige Kinder und Ehepartner, wenn der Versicherungsnehmer verstirbt. Die Erwerbsminderungsrente wird gezahlt, wenn Du als Versicherter aus irgendwelchen Gründen nicht mehr in der Lage bist, irgendeine Arbeit vollumfänglich auszuüben. Das kann zum Beispiel aufgrund von Krankheit oder eines Unfalls der Fall sein. An sich eine nette Geste des Staates, allerdings ist die Erwerbsminderungsrente mehr als unzureichend. Man unterscheidet zwischen der halben und der vollen Erwerbsminderungsrente. Die halbe Erwerbsminderungsrente steht Dir zu, wenn Du zwischen drei und sechs Stunden pro Tag irgendeiner Arbeit in Deutschland nachkommen kannst. Die volle Erwerbsminderungsrente gibt es, wenn es weniger als drei Stunden pro Tag sind. Das heißt, dass es nicht darauf ankommt, ob Du Deinen zuletzt ausgeübten oder erlernten Beruf ausführen kannst, sondern tatsächlich IRGENDEINE Arbeit in Deutschland. Man könnte auch sagen: Die denkbar leichteste Arbeit. Das wäre etwa in einem Häuschen zu sitzen und einen Knopf zu drücken, damit die Schranken hochfahren. Es ist keine Überraschung, dass derartige Jobs entsprechend schlecht bezahlt werden. Dennoch muss das Gehalt und die Erwerbsminderungsrente zum Leben ausreichen. Wie hoch die Rente ausfällt, hängt unter anderem von der Höhe Deines Einkommens vor der Erwerbsminderung und der Dauer Deiner Beitragszahlungen in die Deutsche Rentenversicherung ab. Sie ist aber nicht besonders hoch. Für die volle Erwerbsminderungsrente wird im Durchschnittlich zwischen 700€ und 800€ gezahlt und für die halbe Erwerbsminderungsrente 400€ bis 500€ pro Monat. Damit entsteht eine gewaltige Lücke zu dem, was Du zuvor gewohnt warst. Leistungen aus der Deutschen Rentenversicherung stehen Dir erst zu, wenn Du 60 Monate, also fünf Jahre, Beiträge gezahlt hast. Wenn Du diese Voraussetzung erfüllt hast, solltest Du übrigens auch Deinen ersten Rentenbescheid per Post zugeschickt bekommen. Auf diesem Schreiben kannst Du sehen, wie viel Rentenanspruch Du Dir bisher erarbeitet hast. Etwa jeder fünfte Mensch schafft es nicht bis zur Pension durchzuarbeiten und erleidet eine Erwerbsminderung. Deshalb solltest Du Dir Gedanken über eine private Berufsunfähigkeitsversicherung machen, auch wenn diese, je nach aktuellem Gesundheitszustand, recht teuer ausfallen kann.

Gesetzliche Krankenversicherung

Du kannst unter Umständen bis zum 25. Lebensjahr bei Deinen Eltern beitragsfrei in der Familienversicherung mitversichert sein. Wenn Du eine Ausbildung machst, bei der Du ein besonders niedriges Gehalt hast, dann übernimmt Dein Arbeitgeber den vollen Krankenversicherungsbeitrag für Dich (anstatt fünfzig Prozent). Für Studenten, die über 25 Jahre alt sind, gibt es bei den Krankenkassen einen Studentenrabatt, der ca. 60€ im Monat beträgt. Dieser steht Dir bis zum 30. Lebensjahr oder bis zum 14. Fachsemester zu. Wenn Du arbeitest und Dein Einkommen hoch genug ist, dann musst Du Dich selbst versichern und darfst eine gesetzliche Krankenkasse wählen. Der gesetzliche Beitragssatz ist bei allen Kassen gleich und beträgt aktuell (Stand 2022) 14,6%. Jede Kasse kann aber einen Zusatzbeitrag erheben und sich in den Zusatzleistungen unterscheiden. Daher lohnt sich hier ein Vergleich. Solltest Du ins Ausland reisen, dann informiere Dich vorab bei Deiner Krankenkasse, wie Dein Versicherungsschutz im Zielland aussieht. In den meisten Fällen macht es Sinn, eine spezielle Auslandskrankenversicherung für den Zeitraum Deiner Reise abzuschließen.

Gesetzliche Unfallversicherung

Sie unterstützt Dich bei einem Arbeitsunfall oder einer Krankheit, welche auf die Ausübung Deines Berufes zurückzuführen ist. Zudem leistet die gesetzliche Unfallversicherung bei Unfällen auf dem Weg zur Arbeit und nach Hause. Hierbei gilt aber nur der direkte Weg. Wenn Du auf einen Umweg zum Bäcker machst und dabei einen Unfall erleidest, dann ist hierfür nicht mehr die gesetzliche Unfallversicherung zuständig. Immerhin wird sie zu einhundert Prozent vom Arbeitgeber übernommen. Sollte Dir also ein Unfall passieren, dann musst Du das unverzüglich Deinem Chef sagen, damit er den Schaden der Versicherung melden kann. Auch vermeidlich kleine Verletzungen, wie ein Schnitt in den Finger, solltest Du melden. Denn die Firma ist für ihre Mitarbeiter verantwortlich und kann in Teufels Küche kommen, wenn sie sich nicht an gesetzliche Vorschriften zum Schutz der Mitarbeiter hält.

Gesetzliche Pflegeversicherung

Sie kommt zum Einsatz, wenn Du pflegebedürftig werden solltest. Dabei muss ein Pflegegrad festgestellt werden, bei dem eine dauerhafte Pflege benötigt wird. Wenn Du Dich beim Sport verletzt hast und eine kurzzeitige Betreuung benötigst, greift die gesetzliche Pflegeversicherung nicht. Was die Beiträge angeht, gelten dieselben Bedingungen wie bei der Familienversicherung der Krankenkassen. Kinderlose zahlen einen etwas höheren Beitragssatz.

Gesetzliche Arbeitslosenversicherung

Jedem von uns kann es mal passieren, dass man seinen Job verliert und in die Arbeitslosigkeit rutscht. In dem Fall ist es gut, dass man die Hand ausstrecken kann und für eine bestimmte Zeit Geld vom Staat erhält. Somit kannst Du Dich in aller Ruhe wieder aufraffen und Dich nach einer neuen Arbeitsstelle umsehen, ohne dabei in Existenznot zu geraten. Um Arbeitslosengeld I (ALG I) zur bekommen, musst Du in den letzten zwei Jahren vor der Arbeitslosigkeit für mindestens 365 Tage in die Arbeitslosenversicherung eingezahlt, also ein sozialversicherungspflichtiges Einkommen bezogen haben. Wenn Du selbstständig bist, dann hast Du die Möglichkeit, freiwillig in die Arbeitslosenversicherung einzuzahlen. Das ALG I wird Dir für maximal zwölf Monate genehmigt, ab 58 Jahren für 24 Monate. Wer danach noch keine neue Arbeitsstelle gefunden hat, muss in der Regel Arbeitslosengeld II beantragen, welches auch als Hartz IV bekannt ist. Dieses Geld kommt dann nicht mehr aus der Sozialversicherung, sondern wird mit Steuergeldern finanziert.

Private Vorsorge

Wie Du bei der gesetzlichen Sozialversicherung festgestellt hast, können im Schadenfall große Lücken entstehen, die Du nach Möglichkeit schließen solltest. Hierzu ist ein Besuch bei der Versicherung notwendig.

Private Rentenversicherung

Damit Du später nicht in die Altersarmut rutscht, musst Du einen Teil Deines Einkommens in die private Rentenvorsorge stecken. Das muss keine Versicherung sein. Viele investieren beispielsweise auch in Immobilien als Kapitalanlagen oder zur Eigennutzung oder spekulieren an den Finanzmärkten. Das alles erfordert allerdings einiges an Fachwissen und Erfahrung und ist mit einem hohen Risiko verbunden. Mit einer Versicherung wählst Du einen eher einfachen und moderaten Weg. Bei den konventionellen Rentenversicherungen zahlst Du dann Deinen Beitrag und erhältst am Ende eine Rente, welche Dir ein Leben lang gezahlt wird. Diese Rente ist dabei garantiert. Lebst Du länger, dann profitierst Du auch mehr von Deinen eingezahlten Beiträgen. Je früher Du damit beginnst, desto geringer kann die regelmäßige Sparrate sein. Es besteht auch die Möglichkeit in eine fondsgebundene Rentenversicherung einzuzahlen. Deren Performance hängt dann maßgeblich von den Fonds ab, in die sie investiert. Hierbei hast Du die Chance höhere Renditen zu erzielen, verzichtest dafür aber auf die Garantie der späteren Rentenzahlungen.

Betriebliche Altersvorsorge (BAV)

Die betriebliche Altersvorsorge (BAV) gilt als eine der attraktivsten Möglichkeiten, um seine Versorgungslücke im Alter zu schließen. Dabei wird ein Teil Deines Gehalts in Beiträge umgewandelt, das bezeichnet man als sogenannte **Entgeltumwandlung** und Du hast sogar einen gesetzlichen Anspruch darauf. Dein Chef darf sich also nicht querstellen. Die BAV ist unter anderem deshalb so attraktiv, da die Beiträge bis zu bestimmten Grenzen steuer- und sozialversicherungsfrei sind. Einfach ausgedrückt, fließt bei einer BAV Geld, welches ansonsten an den Staat in Form von Steuer- und Sozialabgaben gehen würde, in Deine Altersvorsorge. Die BAV ist zu einem großen Teil staatlich reguliert, weshalb es hier klare Vorgaben zur Verwendung des Geldes gibt, nämlich die Rente. Um eine BAV abzuschließen, suchst Du Dir eine Versicherungsgesellschaft Deines Vertrauens und füllst mit dem Kundenbetreuer die Antragsunterlagen aus. Anschließend wird der Vertrag dem Arbeitgeber vorgelegt. Die BAV kann arbeitnehmerfinanziert, arbeitgeberfinanziert oder, was am häufigsten vorkommt, eine Mischung aus beidem sein. Also sowohl Du als auch Deine Firma zahlen in den Vertrag ein. Ist der Arbeitgeber an den Beiträgen beteiligt, musst Du aber auch eine gewisse Zeit im Unternehmen verweilen, damit alle bisher eingezahlten Beiträge unberührt bleiben, wenn Du mal vor hast die Firma zu wechseln. Unter gegebenen Umständen und Einhaltung von Fristen, darfst Du Deinen Vertrag mitnehmen, wenn Du dich beruflich neu orientieren möchtest. Eine BAV ist ein sehr komplexes Produkt und es würde den Rahmen dieses Buches sprengen, hier jedes Detail zu erörtern. Denn die BAV an sich hat schon fünf verschiedene Durchführungswege, also mögliche Vertragsgestaltungen, mit ihren jeweiligen Vor- und Nachteilen. Wenn Du hieran interessiert bist, dann lässt Du Dich am besten von einem gut qualifizierten Kundenbetreuer ausgiebig beraten.

Riester-Rente §§§

Auch hierbei handelt es sich um eine staatlich geförderte Form der Altersvorsorge, um Deine Lücke im Alter zu schließen. Benannt wurde sie nach dem ehemaligen Minister Walter Riester. Staatlich gefördert werden alle Bürger, die ein sozialversicherungspflichtiges Einkommen erwirtschaften und demnach Beiträge in die gesetzliche Rentenversicherung zahlen. Dabei wird bei einer Versicherung Deiner Wahl ein staatlich zertifizierter Vertrag zur Altersvorsorge abgeschlossen. Du zahlst Deine Beiträge in den Vertrag und erhältst zudem jährliche Zulagen vom Staat. Die Höhe der Zulagen ändert sich immer wieder mal. Wenn Dich die Riester-Rente interessiert, dann erkundige Dich also über die aktuelle Förderhöhe. Dabei gibt es vom Staat zum einen die **Grundzulage**, auf die jeder Versicherungsnehmer Anspruch hat. Wenn Kinder vorhanden sind, dann wird zudem eine **Kinderzulage** pro Kind gezahlt. Diese Kinderzulage ist noch mal eine ganze Ecke mehr als die Grundzulage, um insbesondere junge Familien bei der Altersvorsorge zu unterstützen. Du kannst die Riester-Rente in mehreren Formen abschließen, wie etwa die ganz klassische Riester-Rente, der Riester-Banksparplan, der Riester-Fondssparplan oder Wohnriestern.

Private Haftpflichtversicherung

Mit der Volljährigkeit bist Du nun gesetzlich dazu verpflichtet für alle Schäden, die Du einem Anderen verursachst, voll zu haften. Während der Ausbildung und dem Studium kannst Du noch bei der Haftpflichtversicherung Deiner Eltern mitversichert sein. Danach musst Du Dich selbst um eine kümmern. Die private Haftpflichtversicherung ist keine Pflicht, sollte es aber sein. Denn ein Schaden ist schneller verursacht als man denkt, wodurch sehr schnell hohe Schadenssummen entstehen. Meistens wickeln die Versicherer eher kleine Schäden ab, wie die Brille des Freundes, auf die man sich versehentlich draufgesetzt hat. Wenn Du aber unterwegs unvorsichtig bist und einen Unfall verursachst, bei dem Menschen zu Schaden gekommen sind, dann musst Du für diesen Schaden aufkommen. Das heißt nicht nur Schmerzensgeld und Behandlungskosten, sondern möglicherweise auch den gesamten Verdienstausfall bis zur Rente, wenn die Person nicht mehr arbeiten kann. Gute Haftpflichtversicherungen gibt es schon für etwa 10€ im Monat. Dieses Geld sollte Dir nicht zu schade sein.

Berufsunfähigkeitsversicherung (BUV)

Wenn Du im Laufe des Lebens berufsunfähig werden solltest, dann zahlt Dir die Berufsunfähigkeitsversicherung, zusätzlich zur Erwerbsminderungsrente, eine vorher vereinbarte BUV-Rente. Je höher diese Rente sein soll, desto höher der Beitrag. Wenn Du arbeitsunfähig wirst, dann solltest Du so viel Geld bekommen, dass Du mithilfe der Erwerbsminderungsrente und der BUV-Rente zusammen auf Dein vorheriges Nettogehalt kommst. Idealerweise schaut Dein Versicherungsberater wie viel Geld vom Staat kommt, umso die Lücke zu Deinem Nettoeinkommen festzustellen. Die Höhe Deiner Berufsunfähigkeitsrente sollte so hoch sein, dass sie diese Lücke schließt. In der Praxis ist das nicht immer möglich, da dadurch immense Beiträge zustande kommen. Wenn Du die Lücke aber zumindest teilweise schließt, dann ist damit schon viel gewonnen. Achte auch darauf, dass die BUV bis zum Beginn Deiner Altersrente läuft. Den oft ziehen Versicherungsberater hier ein paar Jahre ab, sodass die Versicherung beispielsweise nur bis zum 60. Lebensjahr läuft, anstatt bis zum 67., was der gesetzliche Rentenbeginn ist. Dadurch wird die Versicherung deutlich günstiger und lässt sich leichter verkaufen. Denn je älter Du wirst, desto höher ist das Risiko eine Arbeitsunfähigkeit zu erleiden. Deshalb sind die letzten Jahre am teuersten. Es lohnt sich, die Versicherung in jungen Jahren abzuschließen. Denn je älter Du wirst, desto teurer ist der Beitrag. Das liegt ganz einfach daran, dass Du mit zunehmendem Alter ein größeres Risiko darstellst. Du musst vor Vertragsabschluss Gesundheitsfragen beantworten, damit die Versicherung weiß, ob Du bereits Vorerkrankungen oder Gebrechen hast. Auch das ist ein Faktor, der den Beitrag nach oben treibt. Im ungünstigsten Fall nimmt die Versicherung dich gar nicht erst an oder ein Risiko wird ausgeschlossen. Wenn Du zum Beispiel Asthma hast, dann kann Dir die Versicherung den Versicherungsschutz nur gewähren, wenn Du damit einverstanden bist, eine Arbeitsunfähigkeit aufgrund von Lungenerkrankungen auszuschließen. Wenn Du jung und fit bist und keine schwerwiegenden Krankenhausaufenthalte oder Ähnliches vorzuweisen hast, dann erhältst Du den günstigsten Beitrag. Zudem wird auch Dein Beruf einer Risikogruppe zugeordnet. Je risikoreicher er ist, desto höher der Beitrag. Ein Bürohengst muss also deutlich weniger zahlen als ein Bombenentschärfer. Und dazwischen gibt es natürlich auch eine ganze Reihe verschiedener Berufe mit diversen Risiken. So extrem muss es aber gar nicht sein. Risikoreich ist ein Beruf auch dann, wenn Du auf Dächern rumklettern musst und stürzen kannst.

Ein großer Vorteil der BUV: Sie kommt zum Einsatz, wenn Du in Deinem erlernten Beruf nicht mehr arbeiten kannst. Es wird also, anders als bei der Erwerbsminderungsrente, nicht geschaut, ob Du irgendeinen anderen Beruf ausüben kannst. Eine gute BUV zahlt zudem bereits dann, wenn Dich ein Facharzt (nicht der Hausarzt) für mindestens sechs Monate krankschreibt. Darauf solltest Du bei Deiner Recherche achten. Denn wenn Du arbeitsunfähig bist, dann bedeutet das nicht, dass Du das ein Leben lang sein musst. Es macht deshalb wenig Sinn einen Vertrag abzuschließen, der erst dann leistet, wenn Du mindestens drei Jahre lang nicht arbeiten kannst. Darüber hinaus sollte die BUV Dir ermöglichen, die monatliche Rente bei bestimmten Lebensereignissen zu erhöhen, ohne erneut Fragen zu deiner Gesundheit zu stellen. Denn wenn Du als Azubi mit entsprechend kleinem Gehalt die Versicherung abschließt, dann ist die Versorgungslücke bis zum alten Nettoeinkommen natürlich nicht so hoch, als wenn Du später als Geselle oder Meister arbeitest. Im besten Fall kannst Du bei bestimmten Veränderungen Deiner Lebenssituation die monatliche Rente gegen einen Mehrbeitrag erhöhen, ohne erneute Gesundheitsfragen beantworten zu müssen. Solche Ereignisse sind beispielsweise das Beenden der Ausbildung, eine Hochzeit oder die Geburt eines Kindes. Denn bei all diesen Ereignissen wirst Du mehr Geld benötigen als davor. Die Summe sollte immer der Lebenssituation angepasst werden. Experten empfehlen eine BUV-Rente in Höhe von 75% des Nettoeinkommens. Mit einem Azubi-Gehalt bringt Dir diese Aussage natürlich nicht allzu viel. Wenn Du genau weißt, dass Du nach der Ausbildung in diesem Beruf weiterarbeiten möchtest, dann kannst Du Dich an Durchschnittswerten orientieren, welche in Deinem Bereich gezahlt werden. In jedem Fall sollte die vereinbarte BUV-Rente nicht weniger als 1000€ monatlich betragen.

Übrigens: Viele Versicherungen haben mittlerweile einen Tarif für junge Leute, welcher ein geringes Einkommen in der Ausbildungszeit berücksichtigt. Dementsprechend haben diese Tarife ein anderes Beitragsmodell. Dieses kann zum Beispiel so aussehen, dass Du bei Abschluss nur fünfzig Prozent des eigentlichen Beitrags zahlen musst. Mit jedem Jahr steigt der Beitrag dann stufenweise an, bis er nach fünf oder sieben Jahren beim regulären Niveau angekommen ist.

Lebensversicherung

Eine private Lebensversicherung kann die Versorgungslücke der gesetzlichen Hinterbliebenenrente schließen. Wenn der Versicherte verstirbt, dann wird den Hinterbliebenen eine vorher festgelegte Summe ausgezahlt. Gerade wenn der Hauptverdiener einer Familie dahinscheidet, kann es zu finanziellen Engpässen kommen, die aufgefangen werden müssen. Zudem können die Kosten einer Beerdigung auch nicht unerheblich sein. Man unterscheidet zwischen Risikolebensversicherungen und Kapitallebensversicherungen.

Bei einer **Risikolebensversicherung** wird der Todesfall der versicherten Person abgedeckt. Mit der ausgezahlten Summe soll die Familie für eine bestimmte Zeit über die Runden kommen und wichtige Lebenssituation weiterhin stemmen können, wie beispielsweise die Ausbildung der Kinder. In Deinem jetzigen Alter wird eine solche Versicherung wahrscheinlich noch nicht relevant sein und Du hast noch ein paar gute Jahre bis zur Gründung einer Familie.

Die **Kapitallebensversicherung** ist eine Mischung aus Todesfallabsicherung und Altersvorsorge. Der Vorteil liegt darin, dass hier in jedem Fall gezahlt wird.

Entweder der Versicherungsnehmer verstirbt und es wird die Todesfallleistung gezahlt oder niemand stirbt und das angesparte Kapital kann als eine Summe oder lebenslange Rente ausgezahlt werden. Der Nachteil: Eine Kapitallebensversicherung ist deutlich teurer als eine reine Todesfallabsicherung. Auch diese Absicherung ist für Dich unnötig, wenn Du noch keine Familie hast. Um Geld für die Vermögensbildung zu sparen, ist ein gesonderter Vertrag sinnvoller. Denn auf diese Weise kannst Du Dir zu jedem Vertrag einen passenden Anbieter raussuchen. Damit vermeidest Du es eine gute Todesfallabsicherung, aber eine schlechte Geldanlage abzuschließen.

Private Unfallversicherung

Diese Versicherung kommt zum Einsatz, wenn Du einen Unfall erleidest und dadurch einen Invaliditätsgrad davonträgst. In dem Fall wird Dir dann eine vorher vereinbarte Versicherungssumme ausbezahlt, deren Höhe abhängig vom Grad der Invalidität ist. Im Gegensatz zur gesetzlichen Unfallversicherung werden hierbei auch sämtliche Unfälle im privaten Bereich abgedeckt. Zudem gilt eine gute Unfallversicherung weltweit. Neben der Leistung bei Invalidität, kannst Du zusätzlich eine Unfallrente, also regelmäßige Zahlungen nach einem Unfall, und weitere Zusatzleistungen in den Vertrag hineinnehmen, wie beispielsweise ein Krankenhaustagegeld oder ein Schmerzensgeld bei bestimmten Knochenbrüchen. Je mehr Zusatzleistungen, desto höher der Beitrag. Ziel einer privaten Unfallversicherung ist es, die hohen Kosten der neuen Lebensumstände, die nach einem schweren Unfall einhergehen können, zu decken. Wenn man zum Beispiel im Rollstuhl landet, dann stehen Umbaumaßnahmen für das Haus an, um es barrierefrei zu machen oder eine entsprechende Umrüstung des Autos. Das kann schnell in die hunderttausend Euro gehen. Hierbei steht der Unfall im Vordergrund. Schwere Erkrankungen, die zu einer Invalidität führen, zählen also nicht dazu. Während die BUV eine monatliche Summe zahlt, um Deinen Verdienstausfall zu kompensieren, soll die Unfallversicherung mit der Invaliditätssumme einen großen Kostenblock auffangen, der mit einem Mal auf die Betroffenen zukommt. Wer waghalsige Sportarten betreibt, für den könnte eine solche Absicherung sinnvoll sein. Wenn Du bereits eine BUV abgeschlossen hast, dann ist die Unfallversicherung nicht zwingend notwendig. Allerdings muss man dazu sagen, dass man durchaus einen Unfall erleiden und teilweise körperlich invalide sein kann, es einem aber trotzdem möglich ist seinem Job nachzugehen. Wenn Du auf einem Auge blind wärst, dann wären das etwa fünfzig Prozent Invalidität. Ansonsten bist Du vollkommen gesund und kannst damit weiterhin ganz gut arbeiten (je nach Beruf). In dem Fall würde eine BUV nicht greifen. Wenn Du keine BUV bekommen hast, dann ist es sinnvoll zumindest eine private Unfallversicherung abzuschließen. Hier ist es deutlich einfacher in den Vertrag zu kommen und der Beitrag ist wesentlich geringer.

Rechtsschutzversicherung

Eine Rechtsschutzversicherung ist ein angenehmer Luxus, der aber nicht zwingend notwendig ist. Man unterscheidet grundlegend zwischen Privat-, Berufs- und Verkehrsrechtsschutz. Daneben gibt es Zusatzbausteine für Sonderfälle wie Vermieterrechtsschutz, wenn Du als Vermieter Streit mit Deinen Mietern hast, oder Strafrechtsschutz, wenn die Staatsanwaltschaft gegen Dich ermittelt. Der Vorteil liegt klar auf der Hand: Wenn es einmal zu einem Streit kommt, dann kannst Du mit weiter Brust auf Deinen Kontrahenten zugehen und versuchen, Dein Recht vor Gericht durchzusetzen. Dabei werden die Kosten für einen Anwalt und die Verfahrenskosten übernommen. Auch dann, wenn Du am Ende verlierst. Allerdings kann eine Rechtsschutzversicherung auch sehr teuer werden. Wenn Du Mitglied einer Gewerkschaft oder eines Berufsverbandes bist, dann kannst Du auch darüber Rechtsbeistand erhalten und der Arbeitsrechtsschutz wäre unnötig. Wenn Du ein Auto besitzt, dann kann die Verkehrsrechtsschutz ein cleverer Schachzug sein. Denn im Straßenverkehr kommt es leider immer wieder zu Streitigkeiten zwischen zwei Parteien, bei denen niemand Schuld haben möchte. Recht zu haben heißt nicht Recht zu bekommen. Wenn Dein Gegner seinen Fehler einfach nicht einsehen möchte und vor Gericht geht, dann ist das immer eine blöde Sache. Vor Gericht zu stehen, ist für die meisten Leute eine unangenehme Situation und wenn der Andere mithilfe eines guten Anwalts doch gewinnt, dann wird es für einen selbst sehr teuer.

Neben den hier beschriebenen Versicherungen gibt es noch eine ganze Reihe weiterer Möglichkeiten zur Absicherung der eigenen Person und seines Hab und Guts. Wenn Du viele wertvolle Gegenstände wie Elektronikgeräte und Designermöbel zu Hause rumstehen hast, dann kannst Du diese mit einer Hausratversicherung vor Einbruchdiebstahl, Feuer, Wasser und Blitz schützen. Wenn Du einen Hund hast, dann gibt es hierfür die Tierhalterhaftpflichtversicherung, falls der Vierbeiner sich mal losreißt, in den Straßenverkehr rennt und eine Massenkarambolage verursacht. Wenn man sein liebgewonnenes Haustier besonders gut absichern möchte, dann gibt es auch Krankenversicherungen für Tiere. Darüber hinaus existieren auch ganz exotische Fallbeispiele, bei denen etwa Profifußballer ihre Beine in Milliardenhöhe versichern lassen.

Zu Beginn sind diese Themen noch recht schwer verdaulich, Du solltest Dich aber dennoch regelmäßig mit ihnen auseinandersetzen. Schließlich ist es Dein hart verdientes Geld, welches Du investierst. Die Stiftung Warentest bringt regelmäßig die Zeitschrift Finanztest raus, welche Versicherungen, Geldanlagen und Co. aus einem neutralen Blickfeld bewertet. Mit der Zeit wirst Du diese Thematik immer besser verstehen und mit den einzelnen Fachbegriffen klarkommen. Wenn Du in diesem Bereich zumindest ein Stück weit fit bist, dann machst Du Dich resistenter gegen das Aufschwätzen von unnötigen Verträgen.

Vermögensaufbau – Lass Dein Geld arbeiten

Wenn Deine Versicherungen stehen und Du Dich gegen die Widrigkeiten des Lebens abgesichert hast, dann kannst Du Dir jetzt Gedanken darüber machen, wie Du Dein Geld am besten sparen und Dein Vermögen anhäufen kannst. Halte dabei unbedingt diese Reihenfolge ein. Denn wenn Du nicht ausreichend abgesichert bist und ein Schaden eintrifft, dann sind Deine Ersparnisse schnell wieder bei null. Dabei solltest Du nicht nur Geld fürs Alter an die Seite legen, sondern auch für schöne Anschaffungen, die Du nicht mal eben aus Deinem Monatsgehalt bezahlen kannst. Gerade für junge Menschen ist es ein unbequemer Gedanke, von ihrem Geld einen Betrag an die Seite zu legen. Schließlich steht Dir die Welt offen und Du möchtest die nächsten Jahre dafür nutzen, um Dein Leben voll auskosten zu können. Aber es wird sich lohnen. Denn es ist ein sehr gutes Gefühl, sich ein paar Dinge einfach leisten zu können, ohne sich mit Krediten zu verschulden. Außerdem wirst Du merken, dass es sich gar nicht so schlecht anfühlt seinem Geld dabei zuzusehen, wie es jeden Monat etwas mehr wird. Besonders wichtig sind dabei Deine finanziellen Rücklagen für Unerwartetes. Denn es wird immer wieder dazu kommen, dass hier und da eine Rechnung ins Haus flattert oder eine Nachzahlung fällig wird, mit der Du nicht gerechnet hast.

Beim Anlegen von Geld wirst Du irgendwann auf das **magische Dreieck** stoßen. Es beschreibt eine Geldanlage mit den drei Kriterien Rendite, Risiko und Liquidität (Verfügbarkeit). Am besten wäre natürlich eine maximale Rendite (also sehr gute Zinsen auf Dein angelegtes Kapital) bei einem verschwindend geringem Risiko und Du kannst jederzeit auf Dein Geld zugreifen (Liquidität). In der Praxis wirst Du so einen Fall niemals finden, da sich diese Faktoren gegenseitig ausschließen. Wenn Du eine hohe Rendite erzielen möchtest, dann musst Du bereit sein, ein größeres Risiko einzugehen. Setzt Du stattdessen auf kontinuierliche und moderate Gewinne, dann kannst Du eine Geldanlage wählen, die deutlich sicherheitsorientierter ausgelegt ist. Wenn Du jederzeit auf Dein Geld zugreifen möchtest, dann wird ebenfalls die Rendite darunter leiden. Solltest Du stattdessen vorhaben Dein Geld für einen längeren Zeitraum zu parken, dann wird das von der Bank belohnt. Hintergrund ist der, dass die Bank eine bessere Planbarkeit hat, wenn sie weiß, dass Du erst in sieben Jahren auf Deine Ersparnisse zugreifen möchtest. Schließlich muss sie mit Deinem Geld arbeiten und wissen, wie viel sie wohin investieren kann. Übrigens: Geldanlagen mit einer langen Laufzeit minimieren das Risiko. Wenn Du eine hochspekulative Geldanlage wählst, die hohe Gewinne verspricht, auf die Du aber bereits in zwei Jahren zugreifen willst, dann wird das höchstwahrscheinlich in die Hose gehen. Planst Du aber erst in 15 Jahren an Dein Geld ranzukommen, so stehen die Chancen sehr gut, dass Du deutlich mehr zurückerhältst, als Du eingezahlt ist. Denn durch die lange Laufzeit lassen sich mögliche Kursverluste besser kompensieren, dabei kannst Du aber niemals zu einhundert Prozent sicher sein! Merke Dir einfach den Grundsatz: Bei langen Laufzeiten darfst Du ruhig ein größeres Risiko in Kauf nehmen, während Du bei kurzfristigen Laufzeiten auf mehr Sicherheit und Beständigkeit setzen musst. So weit, so gut. Dann stellt sich jetzt nur noch die Frage, was der Finanzmarkt an möglichen Geldanlagen hergibt. Wofür auch immer Du Dich entscheidest, achte darauf, dass das Geldinstitut der deutschen oder europäischen Einlagensicherung unterliegt. Damit ist Dein Geld im Falle einer Insolvenz der Bank bis zu einer Höhe von mindesten 100.000€ abgesichert.

So kannst Du Dein Geld anlegen

Das Girokonto

Nicht besonders spektakulär, aber dennoch erwähnenswert: Das Girokonto. Es gibt kaum solche Konten, die verzinst werden und wenn doch, dann solltest Du einen genauen Blick darauf werfen, ob die Verzinsung die anfallenden Kosten des Kontos rechtfertigt. Grundsätzlich dient Dein Girokonto aber nicht dafür, um großes Geld anzuhäufen, sondern um am alltäglichen Zahlungsverkehr teilzunehmen. Schließlich kannst Du jederzeit auf Dein Geld zugreifen, hast also eine sehr hohe Liquidität. Im Umkehrschluss bedeutet das, dass die Bank mit Deinem Geld nicht langfristig arbeiten kann, weshalb es keine Zinsen als Belohnung gibt.

Das Tagesgeldkonto

Bei einem Tagesgeldkonto ist Dein Geld meistens jederzeit verfügbar und Du bekommst sogar einen Zinssatz. Mittlerweile sind die Zinsen allerdings stark in den Keller gefallen, nicht nur bei Tagesgeldkonten, sondern allgemein für liquide Geldanlagen. Von den drei bis fünf Prozent Verzinsung von damals ist heute kaum noch was übrig. Wenn sich das mal ändern sollte und Du ein Tagesgeldkonto in Erwägung ziehst, dann achte darauf, wie lange der beworbene Zinssatz gültig ist. Denn Banken nutzen in ihrer Werbung gerne eine anfangs sehr hohe Verzinsung, um Kunden zu locken, die dann aber nach sechs Monaten überproportional nach unten fällt. Das ist grundsätzlich nichts Ungewöhnliches, die Frage ist nur, was am Ende der tatsächliche Zinssatz für Dein Geld sein wird.

Das Sparbuch

Lange Zeit waren die Sparbücher das gängige Mittel, um sein Geld anzulegen. Oma und Opa haben es zum Beispiel gerne dafür benutzt, um für den Führerschein der Enkelkinder zu sparen. Man erhält eine geringe Verzinsung und kann in der Regel jederzeit darauf zugreifen. Besonders atemberaubend ist die Rendite aber nicht und schon gar nicht in Zeiten der Niedrigzinsphase.

Befristete Anlagen

Wie der Name schon sagt, ist Dein Geld bei dieser Anlage für einen festen Zeitraum mit einem festen Zinssatz belegt. Ein Beispiel für eine befristete Anlage wäre das Festgeld. Der Zinssatz ist hierbei schon besser als beim Sparbuch. Befristete Anlagen werden auch als Termineinlagen bezeichnet. Möglich ist auch eine Anlage ohne feste Laufzeit, dafür aber mit einer Kündigungsfrist. Genauso wie Du bei Deinem Handyvertrag Deinen Anbieter rechtzeitig über eine Kündigung informieren musst, musst Du bei Termineinlagen, ab einem bestimmten Betrag, der Bank vorher mitteilen, dass Du an Dein Geld willst. Wenn Du bereit bist eine längere Laufzeit zu wählen, dann wird das mit besseren Zinsen belohnt. Wenn die Zinsen aktuell niedrig sind, dann sollten sie es in den nächsten Jahren auch weiterhin bleiben. Denn Du legst Dein Geld zum aktuell geltenden Zinssatz an. Wenn die Zinsen steigen, dann ist Dein Geld im Vertrag gefangen und Du kannst nicht von der Marktentwicklung profitieren.

Ratensparpläne

Bei dieser Art des Sparens überweist Du monatlich einen festgelegten Betrag auf ein Konto und bekommst dafür Zinsen. Zudem gibt es in regelmäßigen Abständen einen Bonus auf das angesammelte Kapital. Du solltest darauf achten, dass Du bei Vertragsabschluss einen festen Zinssatz erhältst und der Vertrag flexibel kündbar ist.

Aktien

Bei Aktien handelt es sich um nichts anderes als Unternehmensanteile. Besitzt Du Aktien, dann bist Du ein Aktionär und Dir gehört praktisch ein kleiner Teil des Unternehmens, je nachdem, wie viele Aktien Du besitzt. Dementsprechend wirst Du auch am Unternehmensgewinn beteiligt und erhältst am Ende des Geschäftsjahres eine Gewinnausschüttung, die sogenannten Dividenden. Diese können deutlich höher ausfallen als die jährlichen Zinsen der Geldanlagen bei der Bank. Zudem kannst Du mit Aktien Kursgewinne erzielen. Vielleicht hast Du schon mal eines dieser Charts gesehen, bei dem eine Linie, der Aktienkurs, im Zeitverlauf auf ganz wilde Art und Weise hoch und runter schießt und dabei nach oben und unten hin Spitzen bildet. Ob ein Aktienkurs fällt oder steigt, hängt von Angebot und Nachfrage ab beziehungsweise von der Anzahl an Käufen und Verkäufen. Wenn ein Unternehmen in den Nachrichten gerade vorteilhaft dargestellt wird, dann steigen die Erwartungen in das Unternehmen und es werden mehr Aktien gekauft. Die Nachfrage steigt also und demnach steigt auch der Kurs. Wenn jetzt aber beispielsweise die Regierung ein Gesetz beschließt, welches die Geschäfte des Unternehmens negativ beeinflusst, dann springen die Aktionäre gerne mal ab und verkaufen ihre Anteile, was zu sinkenden Kursen führt. Der Preis je Aktie hängt davon ab, wie gut es dem Unternehmen wirtschaftlich geht. Wenn Du an ein Unternehmen und dessen Aktivitäten glaubst und in Zukunft steigende Kurse erwartest, dann kannst Du investieren. Angenommen der aktuelle Kurs liegt bei 40€ je Anteil und Du kaufst Dir 20 Anteile, dann investierst Du also 800€. Wenn das Unternehmen gute Geschäfte macht, dann kann es sein, dass der Kurs nach einem Jahr bei 55€ steht. Nun kannst Du Deine 20 Anteile für 1.100€ verkaufen. Du machst also einen Gewinn von 300€ in zwölf Monaten. Allerdings wirst Du hier noch mit Kosten rechnen müssen. Denn um Aktien zu kaufen, benötigst Du ein Depot bei einer Bank, welches Gebühren kostet. Hinzu kommen Kosten für Kauf- und Verkaufsaufträge von Aktien, die sogenannten Orders. Informiere Dich dazu einfach bei deinem Kundenberater und vergleiche die verschiedenen Anbieter.

Man kann mit Aktien viel Geld machen, der Handel ist aber auch sehr spekulativ und damit risikoreich (Hohe Rendite = hohes Risiko). Im schlimmsten Fall kann der Aktienmarkt, wie im Jahr 2007, kollabieren und Dein Geld ist weg. In derart risikoreiche Anlagen solltest Du nur Geld investieren, welches Du auch entbehren kannst. Nutze dafür nicht Deine Ersparnisse oder gar einen Kredit in der Hoffnung, mit einem Schwung den großen Profit zu landen. Auch hier gilt, dass Du mit einer langen Laufzeit besser fährst als mit kurzfristigen Spekulationen. „Lange Laufzeit" kann ganz unterschiedlich ausgelegt werden, 30 Jahre sind aber besser als zehn. Das Schöne an Aktien ist, dass dahinter echte Werte stecken, auf die man setzen kann. Wenn Du Aktien eines Maschinenbauunternehmens kaufst, dann besitzt Du die Anteile an den Fabriken, Produktionsmaschinen, Grundstücken usw. Dennoch solltest Du als Aktionär die Bereitschaft haben, Dich regelmäßig mit den Börsenentwicklungen zu beschäftigen und ein Interesse für das Thema haben. Es ist beim Aktienhandel nun mal sehr wichtig, immer auf dem Laufenden zu sein. Andernfalls ist es für Dich vielleicht sinnvoller, Dein Geld in Aktienfonds zu stecken.

Investmentfonds

Bei Fonds gibt es eine Gemeinschaft an Sparern, mit deren Beiträgen der Fonds das Geld verwaltet und investiert. Dafür sind speziell ausgebildete Fondsmanager zuständig. Je besser sie ihre Arbeit machen, desto besser wird die Rendite. Je nachdem, was für einen Fonds Du abschließt, wird das Kapital in verschiedene Bereiche investiert. Ein Immobilienfonds beispielsweise investiert in Immobilien und ein Aktienfonds entsprechend in Aktien. Du erwirbst also nicht unmittelbar die Anteile eines Unternehmens, sondern dies übernimmt der Fonds mit dem Geld aller Sparer. Bei einem Fonds kannst Du bereits mit geringen Sparraten am Börsenmarkt profitieren, ohne selbst großes Expertenwissen zu besitzen. Da das Risiko hier viel breiter gestreut ist, sind Fonds deutlich sicherer als der direkte Aktienhandel. Die Auswahl an Fonds ist groß, ebenso die verschiedenen Ausrichtungen. Einige investieren in bestimmte Teile der Welt wie Europa oder Asien und andere fokussieren sich auf gewisse Branchen oder Unternehmen, die als besonders nachhaltig oder ethisch vertretbar gelten. Als Anfänger eignen sich auch sogenannte ETFs (Exchange Traded Funds), welche einen ausgewählten Index abbilden, beispielsweise den DAX. Dabei handelt es sich um eine Liste an börsennotierten Unternehmen, welche alle ihre eigenen Kursverläufe haben. Die Gesamtheit dieser Kurse bildet dann die Entwicklung des DAX oder eben eines anderen Index ab. Ein Index kann also ein recht breites Spektrum am Wertpapieren abbilden, was eine breite Risikostreuung bedeutet. Wenn es bei einem Unternehmen mal nicht so läuft, dann sind Deine bisherigen Gewinne nicht gleich im Eimer, denn es gibt ja noch eine Vielzahl weiterer Unternehmen, bei denen es gut laufen kann. Der MSCI World beispielsweise bildet rund 1.600 Aktien aus etwa 20 Ländern ab. Solche Indexfonds haben zudem geringere Kosten, welche aus sogenannten Ausgabeaufschlägen und Verwaltungskosten bestehen, die Deinen eingefahrenen Gewinn schmälern.

Du kannst bei einem Fonds einmalig eine größere Summe investieren oder einen Sparplan mit regelmäßigen Raten wählen. Letzteres verspricht in den allermeisten Fällen einen größeren Gewinn, nicht zuletzt, da Du hier vom „Cost Average Effect" (also Kostendurchschnittseffekt) profitierst. Durch die regelmäßige Sparrate kannst Du flexibler auf Kursveränderungen reagieren, indem Du mit Deinem festen Betrag entweder mehr oder weniger Anteile kaufst. Wenn Du monatlich 50€ festgelegt hast, dann bedeutet das, dass Du jeden Monat für 50€ Anteile kaufst. Sind die Preise beziehungsweise der Kurs gerade hoch, dann kannst Du Dir logischerweise weniger Anteile mit Deinem Geld kaufen. Sind die Kurse im Keller, der Preis je Anteil also sehr günstig, dann bekommst Du für 50€ schon deutlich mehr. Diese Anteile sammeln sich in Deinem Depot und durch dieses System: Viel kaufen, wenn die Preise günstig sind und wenig kaufen, wenn die Preise teuer sind, hast Du am Ende eine insgesamt größere Anzahl an Anteilen erworben. Am Ende Deiner geplanten Sparzeit kannst Du sie jetzt zum geltenden Kurs verkaufen. Wenn die Kurse gerade nicht so gut aussehen, dann kannst Du Dein Depot auch erst mal ruhen lassen und darauf hoffen, dass sich möglichst zeitnah bessere Preise einstellen. Schließlich kostet die Verwahrung Deiner Anteile und das Führen des Depots auch Geld. Bei einer Einmalzahlung besteht das Risiko, dass Du zu einem ungünstigen Zeitpunkt teuer einkaufst und es in Zukunft schwierig wird, anständige Gewinne zu erzielen.

Für weitere Infos hilft Dir die Website des Bundesverbandes der Verbraucherzentralen

- www.vzbv.de/themen/finanzen

Oder die Website der Stiftung Warentest

- www.test.de

Der Bausparvertrag

Ein Bausparvertrag soll Dir dabei helfen, Dein Geld für „**wohnwirtschaftliche Zwecke**" zu sparen. Das kann der Kauf eines eigenen Häuschens, die Renovierung der Küche oder der Ausbau des Dachbodens sein. Eben alles, was irgendwie mit Wohnen zu tun hat. Zu Beginn vereinbarst Du mit dem Kundenberater Deiner Bausparkasse oder Hausbank (diese arbeiten meistens mit Bausparkassen, Versicherungen und Investmentgesellschaften zusammen) eine **Bausparsumme**. Das ist die Summe, die Du am Ende erhalten möchtest. Um auf diese Summe zu kommen, teilt sich der Bausparvertrag in zwei Teile auf: Die **Sparphase** und die **Darlehensphase**. Die Sparphase ist der Teil, bei dem Du durch eigene regelmäßige Sparraten vierzig Prozent, fünfzig Prozent oder sechzig Prozent (je nach Tarif und Bausparkasse) der Bausparsumme selbst anhäufen musst. Das gesparte Kapital wird mit einem kleinen Zinssatz verzinst und unterhalb bestimmter Einkommensgrenzen erhältst Du noch staatliche Förderungen, die jedes Jahr in Deinen Bausparvertrag fließen. Hast Du mithilfe von Zinsen und Vater Staat die benötigte Summe beisammen, meistens nach 7 Jahren, ist der Vertrag zuteilungsreif und Du hast Anspruch auf das Bauspardarlehen. Dies ist ein Kredit, den Dir die Bausparkasse genehmigt. Dieses Bauspardarlehen hat sich lange Zeit dadurch ausgezeichnet, dass es einen deutlich geringeren Zinssatz hat, als ein Kredit bei der Bank. Zu Zeiten niedriger Zinsen muss das aber nicht gegeben sein. Einen entscheidenden Vorteil hat es aber dennoch. Wenn Du Dir Wohneigentum zulegen möchtest, dann wirst Du dafür eine Hypothek (so nennt man den Kredit für Wohneigentum) bei der Bank aufnehmen müssen. Die Bank wird Dir aber nicht den gesamten Kredit für das Haus geben wollen, sondern verlangt, dass Du einen Teil des Geldes selbst vorzuweisen hast, das nennt sich dann Eigenkapital. Je mehr Eigenkapital Du hast, desto bessere Konditionen erhältst Du für die Hypothek. Bei einem Bausparvertrag zählt die gesamte Bausparsumme, also auch der Darlehensanteil, als Eigenkapital. Daher verschafft Dir ein zugeteilter Bausparvertrag eine gute Verhandlungsposition bei Deiner Bank.

Bundeswertpapiere

Bei dieser Anlageform legst Du Dein Geld direkt beim Staat an und kaufst Bundesanleihen. Die Laufzeiten dieser Wertpapiere sind ganz unterschiedlich und erstrecken sich zwischen sechs Monaten und 30 Jahren. Du erhältst eine jährliche Verzinsung, welche in der Regel schon vorher feststeht. Das Risiko ist verhältnismäßig gering, da der Staat für die Rückzahlungen haftet. Und wie Du bereits weißt: Geringes Risiko bedeutet auch eine geringe Rendite. Dementsprechend verdienst Du mit Bundeswertpapieren nicht das ganz große Geld. Auf der Seite der Finanzagentur www.deutsche-finanzagentur.de findest Du weitere Infos zu dem Thema.

Vermögenswirksame Leistungen (VL)

Bei vermögenswirksamen Leistungen hilft Dir Dein Arbeitgeber beim Geldsparen, indem zusätzlich zu Deinem Gehalt ein Betrag bis 40€ im Monat gespart wird. Wenn Du das Geld in einen Bausparvertrag oder einem Aktienfonds steckst, dann erhältst Du zusätzlich vom Staat eine Förderung in Form der **Arbeitnehmersparzulage**. Ob Dein Arbeitgeber vermögenswirksame Leistungen zahlt, wird normalerweise im Vorstellungsgespräch oder am ersten Arbeitstag besprochen. Ansonsten fragst Du einfach mal bei der Personalabteilung oder beim Betriebsrat nach. Wenn Du möchtest, kannst Du auch von Deinem eigenen Gehalt einen Teil zu den vermögenswirksamen Leistungen hinzugeben, um die monatliche Sparrate aufzustocken. Dies musst Du Deinem Unternehmen mitteilen, da der Betrag automatisch von Deinem Gehalt einbehalten und auf der Gehaltsabrechnung ausgewiesen werden muss. Denn es handelt sich hierbei um eine gesondert behandelte Form des Sparens, bei dem der von Dir gewünschte Betrag in vermögenswirksame Leistungen „umgewandelt" wird. Damit Du die Arbeitnehmersparzulage erhältst, musst Du jedes Jahr einen Antrag beim Finanzamt stellen. In der Regel werden die Banken und Bausparkassen rechtzeitig auf Dich zukommen und die benötigten Formulare zusenden. Nichtsdestotrotz solltest Du diesen Punkt im Hinterkopf behalten.

Teil V - Recht und Gesetz

Mit 18 Jahren bist Du voll straffähig und wenn Du gegen das Gesetz verstößt, dann musst Du jetzt mit härteren Folgen rechnen. Du darfst Dich auch politisch engagieren, ein Testament aufsetzen und eine ganze Reihe weiterer rechtlicher Freiheiten genießen. Damit Du hier auch wirklich alles auf dem Schirm hast, wollen wir uns einmal gemeinsam anschauen, was in nächster Zeit auf dich zukommen könnte.

Wählen gehen

Auf Kommunalebene besteht das Wahlrecht schon mit 16 Jahren. Auf Bundesebene bist Du mit der Volljährigkeit jetzt auch mit an Bord und darfst politischen Einfluss nehmen. In den letzten Jahren hat sich vermehrt ein Trend dahin gehend gezeigt, dass junge Erwachsene immer mehr der Ansicht sind, dass ihre Stimme allein ohnehin nichts bewirken kann. Dabei solltest Du Dir stets vor Augen führen, dass Du mit Deinem Wahlrecht als Bürger eine Macht besitzt, die keine Selbstverständlichkeit auf dieser Welt ist. Durch Wahlen werden die Machtverhältnisse in der Politik immer wieder verschoben und diese Verschiebung kannst Du mit Deiner Stimme mitgestalten. Wenn Du nicht wählen gehst, dann überlässt Du zwangsläufig anderen diese Entscheidung. Darüber hinaus können bei knappen Wahlergebnissen nur wenige Stimmen darüber entscheiden, wer unser Land zukünftig regieren soll. Auch wenn wir uns oft nur als kleines Rädchen im System fühlen gilt trotzdem: Jede Stimme zählt und jede Stimme kann den entscheidenden Unterschied bewirken!

Egal, ob EU-Parlament, Landtag oder der Bürgermeister Deiner Stadt, jetzt kannst Du überall mitreden. Am interessantesten dürfte aber die Bundestagswahl sein. Du hast eine **Erststimme** und eine **Zweitstimme**, die Du vergeben kannst. Mit der Erststimme wählst Du einen Kandidaten aus Deinem Wahlkreis, der in den Bundestag einziehen soll. Mit Deiner Zweitstimme wählst Du eine Partei und stärkst damit ihre Position im Bundestag. Die Partei mit den meisten Zweitstimmen bestimmt in der Regel auch den Bundeskanzler. Darüber hinaus unterscheidet man auch zwischen dem **aktiven Wahlrecht** und dem **passiven Wahlrecht**. Aktives Wahlrecht beschreibt Dein Recht wählen zu gehen. Das passive Wahlrecht gibt Dir das Recht, Dich selbst wählen zu lassen. Mit 18 Jahren dürftest Du theoretisch gesehen schon Bundeskanzler werden. Mit dem Amt des Bundespräsidenten wirst Du Dich noch gedulden müssen, da dieses erst von Kandidaten ab 40 Jahren eingenommen werden kann.

Eine Partei gründen

Die meisten jungen Menschen, die eine politische Karriere anstreben, beginnen im örtlichen Jugendverband einer bestehenden Partei. Wenn Dich die Politik interessiert und die alteingesessenen Parteien Dir nur noch auf die Nerven gehen, dann hast Du jetzt die Möglichkeit eine eigene Partei zu gründen. Die Voraussetzung ist ganz einfach: Du benötigst die deutsche Staatsbürgerschaft, genauso wie die Mehrheit des Vorstands und die Parteibasis. Um als Partei anerkannt zu werden, brauchst Du um die 400 Mitglieder. Wenn Deine Partei an den Bundestagswahlen teilnehmen soll, dann müssen die Mitglieder über ganz Deutschland verteilt sein. Im ersten Schritt wendest Du Dich an den Bundeswahlleiter und sprichst hier vor. Wer aktuell Bundeswahlleiter ist, kannst Du auf der Seite www.bundeswahlleiter.de herausfinden. Hier legst Du dann die Liste mit Landesverbänden, Dein Programm, eine Satzung und das Gründungsprotokoll vor. Anschließend prüft der Bundeswahlausschuss, ob Deine Partei zulässig ist. Für die Anerkennung benötigt jede Landesliste nämlich die Unterschrift von einem Tausendstel der Bevölkerung des jeweiligen Bundeslandes. Deshalb sollten die Mitglieder Deiner Partei mit Plakaten und anderen Wahlwerbungen auf sich aufmerksam machen.

Einen Verein gründen

Einen Verein kannst Du für alles Mögliche gründen, je nachdem, wofür Du Dich einsetzen möchtest. In Deutschland gibt es rund 600.000 Vereine. Wenn Du ein starkes Interesse zu einer Sache besitzt, Dich hierbei mehr engagieren und Gleichgesinnte zusammenführen möchtest, dann ist ein Verein die optimale Lösung dafür. Vorausgesetzt, Du findest mindestens sechs weitere „natürliche Personen", die voll geschäftsfähig sind. Also im Grunde sechs weitere Erwachsene, die so ähnlich ticken wie Du. Mit diesen Menschen verfasst Du gemeinsam eine Satzung, indem ihr die Spielregeln und Ziele für euren Verein festlegt. Anschließend müssen alle Vereinsgründer der Satzung zustimmen und einen Vorstand wählen. Dieser kann dann durch Vorlegen der Satzung und einem Protokoll beim Amtsgericht die Eintragung ins Vereinsregister beantragen. Die Beteiligung in einem Verein macht einen guten Eindruck im Lebenslauf, weil Du dadurch zusätzliches Engagement beweist. Damit kannst Du sowohl bei Bewerbungen um einen Job, als auch um ein Stipendium punkten.

Straffähigkeit bei Gesetzesverstoß

Vom 18. bis zum 21. Lebensjahr zählst Du als „Heranwachsender" und bei einer Straftat wird geprüft, ob Du zum Zeitpunkt der Straftat die nötige Reife besessen hast, um Deine Tat richtig einzuschätzen und zu begreifen, dass Du da etwas Verbotenes gemacht hast. Wenn es sich um ein Vergehen handelte, welches typisch für Jugendliche ist, wie etwa ein kleiner Ladendiebstahl oder Verschmutzung von Sacheigentum, dann kann das Gericht auch mit 18 Jahren nach Jugendstrafmaß entscheiden. Du solltest Dich aber dennoch darauf gefasst machen, dass Du mit der Volljährigkeit härter bestraft wirst, als es zuvor der Fall war. Seit Deinem 14. Lebensjahr bist Du straffähig und konntest zur Rechenschaft gezogen werden, wenn Du gegen das Gesetz verstoßen hast. Vor dem 14. Geburtstag warst Du strafunfähig und wenn Du Blödsinn gemacht hast, musstest Du zu dem Zeitpunkt lediglich mit einer Bestrafung durch Deine Eltern rechnen.

Rechte von Pflegekindern

Wenn Kinder bei einer anderen als der leiblichen Familie aufwachsen, dann gelten sie als Pflegekinder. Die Pflegeeltern erhalten für die Kinder das Kindergeld und weitere Unterstützung durch das Jugendamt. Mit dem 18. Geburtstag gelten Pflegekinder laut Gesetz nicht mehr als Pflegekinder und sowohl Kindergeld als auch die Hilfe vom Jugendamt fallen schlagartig weg. Wie alle anderen jungen Erwachsenen auch, haben diese Kinder am Tag ihrer Volljährigkeit nicht unmittelbar einen Job mit geregeltem Einkommen und wissen ganz genau, wie der Hase läuft. Denn auch hier müssen sich die jungen Erwachsenen erst einmal orientieren und in der Welt zurechtfinden. Wenn bei Dir so eine Situation eintreten kann, dann solltest Du Dich bereits sechs Monate vor Deinem 18.

Geburtstag beim Jugendamt melden und einen Antrag auf **„Hilfe für junge Volljährige"** beantragen. Die Hilfeleistungen kannst Du dann in Form von betreutem Wohnen oder in der Pflegefamilie erhalten. Die Unterstützung wird, wenn sie überhaupt gewährt wird, auf maximal ein Jahr befristet. Ein Versuch ist es aber allemal wert. Du hast auch die Möglichkeit, Dir eine eigene Wohnung zu suchen und auf diese Weise eine Beihilfe für die Einrichtung zu erhalten. Dafür ist ein gesonderter Antrag beim Jugendamt notwendig.

Wenn für Dich noch Anspruch auf Kindergeld besteht, etwa weil Du eine Berufsausbildung beginnst, dann wird das Geld nicht mehr an Deine Pflegeeltern, sondern an die leiblichen Eltern gezahlt. Wenn Du der Familienkasse nachweisen kannst, dass Deine leiblichen Eltern unauffindbar sind, kann das Geld an Dich ausgezahlt werden. Wenn Deine leiblichen Eltern Dir das Geld einfach nicht geben wollen, dann solltest Du das Jugendamt um Hilfe bitten. Außerdem bist Du mit der Volljährigkeit nicht mehr in der gesetzlichen Krankenversicherung Deiner Pflegeeltern mitversichert und musst Dich auch darum kümmern. Im besten Fall stehen Deine Pflegeeltern in jeder Hinsicht hinter Dir und ihr findet gemeinsam eine Lösung, um mit den neuen Umständen fertig zu werden. Neben dem Jugendamt findest Du auch im Internet bei ein paar Organisationen Unterstützung:

- www.arbeitskreis-pflegekinder.de
- www.moses-online.de

Beispielantrag für „Hilfe für junge Volljährige"
- www.moses-online.de/artikel/beispiel-einen-antrag-hilfe-junge-volljaehrige

Sorgerecht

Wenn minderjährige Frauen schwanger werden und das Kind vor dem 18. Geburtstag zur Welt bringen, dann steht ihnen noch nicht die elterliche Sorge zu. Wenn der Vater bereits volljährig ist, dann kann er, soweit die Mutter und deren Eltern damit einverstanden sind, das Sorgerecht für das Kind übernehmen.

Andernfalls wird dieses an eine andere erwachsene Person übertragen, welche voll geschäftsfähig ist. In der Praxis ist das oft einer der beiden Elternteile der Mutter oder es geht an das Jugendamt. Sobald die Mutter dann volljährig ist, erhält sie das Sorgerecht für das Kind.

Dieses Sorgerecht besteht aus drei Bereichen: Der Personensorge, der Vermögenssorge und der gesetzlichen Vertretung. Damit geht eine große Verantwortung einher, schließlich ist man rundum für das Leben und Gedeihen eines Menschen zuständig. Wenn Du Dich in dieser oder einer ähnlichen Situation wiederfindest, dann können Dir folgende Anlaufstellen weiterhelfen:

- www.schwanger-unter-20.de
- www.profamilia.de

Erben und Vererben

Das eigentliche Erben an sich kannst Du von Beginn Deines Lebens an. Wenn Dein Urgroßvater Dir also ein beachtliches Vermögen hinterlassen hat und Du erst in ein paar Monaten das Licht der Welt erblickst, dann bist Du dennoch ein Erbe. Allerdings werden Deine Eltern bis zu Deinem 18. Lebensjahr das Vermächtnis für Dich verwalten und erst ab dann kannst Du darüber verfügen.

Wenn es um das Vererben geht, so warst Du bereits mit 16 Jahren testierfähig, also dazu berechtigt, ein Testament zu schreiben. Jedoch müsstest Du es bis zur Volljährigkeit von einem Notar beglaubigen lassen. Mit 18 Jahren darfst Du das Testament komplett selbst gestalten. Dabei gibt es einige Punkte des Erbrechts, welche Du zwingend einhalten solltest. Am besten eignet sich dafür ein Mustertestament als Orientierung. Es gehört auf jeden Fall eine Unterschrift am Ende hin und der gesamte Text muss handschriftlich verfasst sein. Damit soll sichergestellt werden, dass auch wirklich Du das Testament verfasst hast. Ist das Testament fehlerhaft, dann ist es ungültig. Das betrifft rund ein Drittel aller selbst aufgesetzter Testamente.

Teil VI - In den Sternen steht geschrieben...

Erstelle Deinen Plan für die Zukunft

Wie wir bereits zu Beginn des Buches angerissen haben, solltest Du mit der Volljährigkeit Deinen ganz persönlichen Lebenskompass ausrichten und wissen, wohin die Reise gehen soll. Klare Zielvorstellungen sind wichtig, da sie Dir etwas geben, worauf Du hinarbeiten und Dich freuen kannst. Sie sind der Motor Deines Handelns, der Dich dazu bringt, neue Herausforderungen anzugehen und an ihnen zu wachsen. Dabei solltest Du zwischen **großen Zielen**, **Etappenzielen** sowie einem **Plan mit Aufgaben** auf dem Weg dorthin unterscheiden. Viele Menschen überschätzen das, was sie kurzfristig schaffen können und unterschätzen die Dinge, zu denen sie langfristig imstande sind. Wenn Du ein Ziel über einen langen Zeitraum verfolgst, dann ist dies auch immer ein Prozess des Wachstums. Deshalb traue Dich, Dir langfristig (fünf Jahre und länger) große Ziele zu setzen, die Dich beflügeln. Auch wenn Dir diese als zu groß oder unrealistisch erscheinen, dann gilt dies nur für den gegenwärtigen Augenblick. Wenn Dir in Deinem Elternhaus immer mehr Verantwortung und Wertschätzung entgegengebracht wurde, wirst Du wahrscheinlich genug Selbstvertrauen haben, um Dir große Ziele zu setzen. Den meisten jungen Menschen fällt dies jedoch schwierig und sie geben sich langfristig mit Kompromissen ab. Das allseits bekannte Sprichwort „der Weg ist das Ziel" trifft hier wunderbar zu. Denn erst, wenn du Dich auf den Weg machst, um ein angestrebtes Vorhaben zu verwirklichen, löst Du den notwendigen Entwicklungsprozess aus, der Dich zu dem Menschen macht, der dieses Ziel erreichen kann! Natürlich gibt es Grenzen, die ein Ziel tatsächlich unrealistisch machen. Dies können Krankheiten oder gesetzliche Rahmenbedingungen sein, denen wir uns nicht entziehen können. Ein Ziel ist aber nicht unrealistisch, nur weil es schwer zu erreichen ist. Insbesondere wenn andere Menschen es bereits geschafft haben, kannst Du Dich ruhig fragen, warum es Dir nicht gelingen sollte.

Nachdem Du ein großes Ziel bestimmt hast, kannst Du es im nächsten Schritt in kleine Etappenziele aufbrechen, welche aufeinander aufbauen und die Zwischenschritte zum Endziel darstellen. Diese kleineren Ziele sind sehr wichtig, da sie nicht so weit entfernt und damit greifbarer sind. Sie regen Deinen Dopaminspiegel an und geben Dir damit den nötigen Antrieb, um ins Handeln zu kommen. Die großen, langfristigen Ziele sind für die meisten Menschen zu weit weg und auch wenn es sich um Dinge handelt, die sie wirklich im Leben bereichern würden, sorgt die große Distanz bis zur Erreichung des Ziels dafür, dass die Menschen nicht in die Pötte kommen, um auch etwas dafür zu tun. Darüber hinaus haben kleine Etappenziele noch einen weiteren Vorteil: Sie werden schneller erreicht und lösen damit Erfolgserlebnisse aus. Solche Erfahrungen sind wichtig, denn sie zeigen uns, dass in unserem Leben wirklich etwas in Bewegung ist und dass es vorwärtsgeht. Das wird den Glauben in Deine Fähigkeiten stärken. Auf Dauer gewinnst Du auf diese Weise eine felsenfeste Zuversicht in Deine Zukunft. Du weißt, dass Du das, was Du Dir vornimmst, auch wirklich erreichen kannst.

Nachdem Deine Ziele feststehen, kannst Du Dir einen Plan machen und überlegen, was Du konkret an einzelnen Aufgaben umsetzen musst, um den nächsten Meilenstein zu erreichen. Diese Tätigkeiten werden zeitlich genau festgehalten und in den Terminkalender eingetragen. Du kannst dabei über Wochen und Monate hinaus die Tage planen, was den meisten jedoch sicherlich schwerfallen wird. Wenn Dir dieses Vorgehen liegt, dann mach es so. Wenn Du noch wenig Erfahrung im Terminieren hast, dann setz Dich jeden Morgen hin und schreib zunächst in Form eines Brainstormings alles auf, was Du zu erledigen hast. Halte hier auch gewöhnliche Erledigungen fest, wie Behördengänge oder der Wocheneinkauf. Damit stellst Du sicher, dass nicht plötzlich etwas Unvorhergesehenes dazwischenfunkt und Deinen Terminkalender durcheinander wirft. Lass Dir auch zeitliche Puffer frei, die Du zur Entspannung nutzt oder um flexibel reagieren zu können, wenn mal etwas nicht so läuft wie geplant.

Dieses Vorgehen ist nur eines von vielen Methoden, welche in der Fachliteratur und Expertenforen vermittelt werden. Möglicherweise findest Du im Laufe der Zeit Dein ganz eigenes Vorgehen, um die Dinge anzugehen. Vielleicht gehörst Du auch zu den Menschen, die jeden Tag aufs Neue auf sich zukommen lassen und ihn nehmen, wie er kommt. Wenn dem so ist und es funktioniert bei Dir, klasse! Dann mach genau das. Letzten Endes ist es Dein Leben und nur Du entscheidest, wie Du es leben möchtest. Auch dies ist eine Entscheidung, die jeder erwachsene Mensch für sich treffen muss.

Der Sinn des Lebens und Lebenskrisen

Die meisten von uns beschäftigen sich mit dem Lebenssinn immer dann, wenn es in unserem Leben nicht so rund läuft oder wir vor einer schwierigen Herausforderung stehen. Denn solche Lebensumstände können uns schnell verunsichern und wir beginnen zu sinnieren und uns große Fragen zu stellen. Eine solche Lebenssituation kann zum Beispiel die Abschlussprüfung sein, die uns Angst bereitet. Wenn wir uns nicht gut vorbereitet fühlen und diese Angst die Oberhand gewinnt, dann wird die Frage nach dem Sinn des Lebens schnell zu einer Lebenskrise. Diese ist begleitet von Zukunfts- und Existenzängsten und ja, auch 18-Jährige können solche Fragen beschäftigen:

- Schaffe ich meinen Schulabschluss?
- Habe ich mit meinen schlechten Noten überhaupt eine Chance auf einen guten Job, mit dem ich meine Träume verwirklichen kann?
- Du findest nach der Schule keinen direkten Anschluss und sowohl Unis als auch Ausbildungsbetriebe schicken Dir nur Absagen, wie soll es jetzt weitergehen?
- Dein Freundeskreis geht nach der Schule auseinander und Du bleibst als einziger im Ort und stehst plötzlich mehr oder weniger allein da.
- Dein BAföG-Antrag wird abgelehnt oder die Förderung ist bei Weitem nicht so hoch, wie Du es Dir vorgestellt hast. Auf einmal verschwimmt Deine bereits zurechtgelegte Zukunftsvorstellung und Du fragst Dich, was Du jetzt tun sollst.
- Eine Krankheit oder ein Unfall hinterlassen bleibende Schäden und Dein gesamtes Leben, so wie Du es kennst, wird plötzlich auf den Kopf gestellt.
- Ähnliches gilt, wenn Deine Eltern sich unvorhergesehen scheiden lassen wollen.
- Zu allem Überfluss geht auch noch Deine Beziehung in die Brüche, Du hast keinen Fokus mehr für den Schulabschluss und verbockst ihn.

Ein Problem kommt selten allein, diese Erfahrung wirst auch Du leider machen müssen. Kein Mensch führt ein Leben ohne zwischendurch die ein oder andere Krise zu bewältigen. Als Erwachsener bist Du dazu verpflichtet (!), trotz aller Widrigkeiten weiterzumachen, Dich nicht unterkriegen zu lassen und Deine Ziele und Träume weiterzuverfolgen. Wenn das Leben gerade einfach ist, dann ist es nicht schwer optimistisch und glücklich zu sein. Erst die Lebenskrisen und deren Überwindung zeigen, wie stark Du wirklich bist. Sie sind wie ein strenger Lehrer des Lebens. Wenn Du Dich aber zusammenreißt und Deine Probleme angehst, dann wirst Du an ihnen wachsen und aus jeder Krise gestärkt hervorgehen. Insofern solltest Du Lebenskrisen nicht per se als etwas Schlechtes ansehen oder versuchen, sie auf Krampf zu vermeiden, denn das wird nicht funktionieren. Arbeite stattdessen immer weiter daran, ein Mensch zu werden, der auch mit den schwierigsten Umständen fertig wird. Es gibt einen schönen Leitsatz der Dir vermittelt: Es ist O.K. wenn Du hinfällst, wenn Du weinst und wenn Du Dich verletzt. Das alles ist O.K. und passiert immer wieder mal. Das Einzige was nicht O.K ist, ist auf dem Boden liegen zu bleiben und aufzugeben. Das ist die eine Sache, die Du niemals machen darfst. Denn Du schuldest es Dir selbst, Deinem Leben und den Menschen, denen Du wichtig bist und die Dir wichtig sind. Wenn Du das beherzigst, bietet Dir jede Krise die Chance zum Wachstum und die Chance besser zu werden.

Du musst schwierige Situationen auch nicht allein durchstehen. Suche Dir Hilfe und führe Gespräche mit Menschen in Deinem näheren Umfeld. Denn keiner gewinnt allein, das macht man gemeinsam. Versuche Dich selbst nicht zu ernst zu nehmen und die Dinge zu dramatisieren, weil sie im Moment unüberwindbar erscheinen. Nimm Dich zuerst einmal aus der Situation so gut es heraus, um einen klaren Kopf zu bekommen. Dann mach Dir einen Plan und gehe konsequent einen Schritt nach dem nächsten.

Es gibt keine allgemeingültige Antwort, wie Du Deinen Lebenssinn findest oder für Dich definierst. Viele Wege führen nach Rom. Und so gibt es Menschen, die ihren ganz persönlichen Lebenssinn in Dingen gefunden haben wie einer Berufung, in der Ausübung einer Religion oder in der Spiritualität und dem Erforschen des eigenen Selbst. Möglicherweise geben Dir diese Anhaltspunkte eine kleine Hilfestellung. Möglicherweise aber auch nicht und Du musst ganz woanders suchen. Vielleicht ist es auch einfach das Leben selbst zu leben und seine Freuden auszukosten, was Dich erfüllt und worin Du Deinen eigenen Weg findest. Diese Frage kann Dir an dieser Stelle keiner beantworten. Du musst auf eigene Faust auf die Suche gehen und immer am Ball bleiben, dann wirst Du sicher irgendwann die Antworten finden, die Du brauchst.

Glück vs. Erfolg

Wenn unsere Grundbedürfnisse nach Essen, Trinken, Sicherheit usw. gestillt sind und unser Überleben damit gesichert ist, dann hat fast alles, was wir Menschen im Leben tun, den Zweck uns glücklich zu machen. Wenn Du Dir einen teuren Sportwagen holst, dann machst Du das nicht nur aus praktischen Gründen. Diese Anschaffung gibt Dir ein Gefühl. Du fühlst Dich bedeutend, mächtig oder positionierst Dich damit auf eine bestimmte Art in Deinem Freundeskreis. Wir wollen einen gut bezahlten Job haben, weil wir uns dann viele tolle Dinge leisten können, wie etwa ein schönes Haus oder jedes Jahr einen oder zwei Luxusurlaube. Diese Dinge verleihen uns ein Gefühl. Was das konkret für ein Gefühl ist, kann sich von Mensch zu Mensch etwas unterscheiden. Aber die große Gemeinsamkeit ist, dass es uns glücklich macht. Wenn Du auf Fastfood stehst, dann macht Dich der intensive Geschmack glücklich. Im Urlaub kannst Du neue Dinge sehen und interessante Erfahrungen machen. Auch das erzeugt bestimmte Gefühle, die am Ende auf das Gefühl des Glücklichseins aus sind. In einer Paarbeziehung fühlen wir uns geliebt und geborgen und das macht uns glücklich.

Am Ende des Tages entscheidet nur ein Mensch darüber, ob Du im Leben glücklich und zufrieden bist oder eben nicht. Nämlich Du selbst. Schaffst Du es aus Deiner inneren Kraft und Überzeugung heraus glücklich zu sein oder schwankt Deine Stimmung abhängig davon, wie die äußeren Umstände sind? Denn zu oft lassen wir es zu, dass unser Glück und unsere Zufriedenheit von außen fremdgesteuert werden. Ob das auch bei Dir zutrifft, hängt ganz davon ab, wie Deine Werte und Einstellungen aussehen. Eine Einstellung ist Deine Haltung zu irgendetwas oder irgendjemandem. Wenn Du hier das Wort „Geld" liest, dann spürst Du augenblicklich eine emotionale Befindung dazu. Ist Geld für Dich etwas Gutes oder sind alle Menschen, die viel Geld haben, über Leichen gegangen und schänden die Umwelt für den Profit? Je nachdem was Du hier fühlst, besitzt Du entweder eine positive oder eine negative Einstellung zu Geld. Das kannst Du auf alle möglichen Bereiche beziehen. Diese Einstellungen haben sich im Laufe Deines Lebens gebildet, überwiegend kommen sie aber von Deiner Erziehung im Elternhaus. Und diese Einstellungen, auch Glaubenssätze genannt, bestimmen darüber, was Du im Leben brauchst, um glücklich und zufrieden zu sein.

Wenn Du der Meinung bist, dass beruflicher Erfolg und Ansehen wichtig und gut sind, dann wirst Du nach diesen Dingen streben, um glücklich zu sein. Im Umkehrschluss verbirgt sich hier die Gefahr, dass wenn Du diese Dinge nicht erreichst, Du Dich unbedeutend und unglücklich fühlst. In dem Fall wäre dies aber nur Deine subjektive Meinung, die rein objektiv betrachtet, so nicht stimmen muss. Denn ein anderer Mensch, der nur wenig besitzt, kann mit denselben Lebensumständen durchaus sehr erfüllt und zufrieden sein und damit ein überaus glückliches Leben führen. Deine Glaubenssätze bestimmen also zunächst einmal nur, was Du denkst, was Du brauchst, um glücklich zu sein. Daher solltest Du Dich einmal fragen:

- Was bedeutet Glück und Zufriedenheit für Dich?
- Was brauchst Du, um glücklich und zufrieden zu sein?

Schreibe alles auf, was Dir dazu einfällt und dann wirf einen Blick auf Deine Liste und schau einmal nach, ob es sich um Dinge handelt, die überwiegend von außen bestimmt werden wie materieller Besitz, Anerkennung, Geld usw. All diese Dinge sind im Leben nicht zu vernachlässigen und sind brauchbar. Es ist aber keineswegs ratsam, sich nur darauf zu beschränken und Deinen Selbstwert davon bestimmen zu lassen. Denn so rennst du diesen Dingen Dein Leben lang hinterher und leidest darunter, wenn es mal nicht so läuft, wie Du es dir vorgestellt hast. Wenn Du Dich nur über äußere Umstände definierst, dann brennst Du irgendwann aus und wirst krank. Das Streben nach Erfolg und Anerkennung in einem gesunden Maße kann Dich beflügeln und Dir den nötigen Antrieb verleihen. Das bringt Dich zu Bestleistungen und formt Deinen Charakter. Daher wollen wir diese Dinge an dieser Stelle nicht schlechtreden. Du sollst lediglich dafür sensibilisiert werden, auch die vielen anderen Aspekte des Lebens nicht aus dem Auge zu verlieren. Denn als Erwachsener bist Du nun dafür zuständig,

Deine eigene Balance im Leben zu finden. Erfolgsdruck und Gelassenheit müssen sich die Waage geben. Auf diese Weise bleibst Du auch in schwierigen Zeiten stabil auf beiden Beinen stehen. Denn die innere Zufriedenheit mit Dir selbst als Mensch, unabhängig von den äußeren Einflüssen, bleibt Dir auch dann erhalten, wenn die Karriere mal stagniert oder Du Dich unvorhergesehen bei der Bundesagentur für Arbeit melden musst. Das kann jedem mal passieren und ist keine Schande. Denn egal wie gut Du alles geplant und durchdacht hast, hat das Leben immer wieder mal eine Überraschung für Dich parat. Wenn aber Dein seelisches Fundament stimmt, bist Du ohne Weiteres in der Lage, die Dinge aus einem entspannteren Blickwinkel zu betrachten und in kein emotionales Loch der Verzweiflung und der Selbstvorwürfe zu fallen. Du kannst alles in Ruhe überdenken und Deinen Kompass neu ausrichten. Aus dieser Ruhe ist es möglich bisher unbekannte Energiereserven freizusetzen, mit denen der ein oder andere auch große Ziele erreicht hat, von denen er vorher nicht einmal zu träumen gewagt hat.

Quellenverzeichnis

ADAC (2020).Autokosten – Vergleiche. Abrufbar unter: https://www.adac.de/infotestrat/autodatenbank/autokosten/autokosten-vergleich/default.aspx?ComponentId=35230&SourcePageId=0 [Letzter Zugriff: 15.07.2021]

Ambros, M. (2020). Gesetzliche Nachtruhe: Im Mietrecht oft ein Thema. Abrufbar unter: https://www.mietrecht.com/nachtruhe/ [Letzter Zugriff: 15.07.2021]

Ambros, M. (2020). Mindestalter beim Führerschein: Wie alt Sie zum Fahren sein müssen. Abrufbar unter: https://www.fuehrerscheinfix.de/mindestalter/ [Letzter Zugriff: 29.08.2021]

Becker, C. (2017). Das passiert mit Jugendlichen beim „Walk Away". Abrufbar unter: https://www.welt.de/vermischtes/article165241459/Das-passiert-mit-Jugendlichen-beim-WalkAway.html [Letzter Zugriff: 12.12.2021]

BGB (2010). Bürgerliches Gesetzbuch (BGB), §1626 Elterliche Sorge, Grundsätze. Abrufbar unter: https://www.gesetze-im-internet.de/bgb/__1626.html [Letzter Zugriff: 02.09.2021]

Bpb (2020). Wahlrecht/ Wahlsystem. Abrufbar unter: https://www.bpb.de/nachschlagen/lexika/handwoerterbuch-politisches-sysem/202211/wahlrecht-wahlsystem [Letzter Zugrff: 01.08.2021]

Buchfink (2020). Nach anfänglicher Hektik folgt Unsicherheit. Abrufbar unter: https://www.sozialinfo.ch/fachwissen/gastbeitrag/meine-besten-tipps-fuer-den-umgang-mit-stress-zeitmangel-und-druck-in-krisenzeiten/buchfink-ueber-stress.html [Letzter Zugriff: 21.08.2021]

Bundeszentrale für politische Bildung (bpb) (2009). Lebensentwürfe. Abrufbar unter: https://www.bpb.de/apuz/31700/lebensentwuerfe [Letzter Zugriff: 02.08.2021]

Quellenverzeichnis

Clear, J. (2020). Die 1% Methode – minimale Veränderung, maximale Wirkung (Originaltitel: Atomic Habits: Tiny changes, Remarkable Results). Goldmann Verlag, 1. Auflage 2020

DGB Jugend (2020). Dein Recht. Abrufbar unter: https://www.jugend.dgb.de/ausbildung/dein-recht [Letzter Zugriff: 19.08.2020]

Fehndrich, M., Zicht, W., cantow, M. (2017). Wahlsystem der Bundestagswahl. Abrufbar unter: https://www.wahlrecht.de/bundestag/ [Letzter Zugriff: 03.08.2021]

Gumnior, D. (2020). Weltreise mit Kindern. Abrufbar unter: https://www.flipflopblog.de/weltreise-mit-kindern/ [Letzter Zugriff: 22.08.2021]

Güssler, G. (2020). Familienversicherung in der GKV und PKV. Abrufbar unter: https://www.kv-fux.de/wissenswertes/private-krankenversicherung/familienversicherung/ [Letzter Zugriff: 15.07.2021]

Handelsblatt (2020). Das müssen Eltern ihren Kindern bezahlen. Abrufbar unter: https://www.handelsblatt.com/finanzen/steuern.recht/recht/studium-und-finanzen-teil-2-wann-eltern-ihre-kinder-zwingen-duerfen-daheim-zu-wohnen/10252334-3.html?ticket=ST-982945-McpolUUr5FamN2DGmylw-ap4 [Letzter Zugriff: 12.08.2021]

Klicksafe (2020). Abzocke im Internet. Abrufbar unter: https://www.klicksafe.de/themen/einkaufen-im-netz/abzocke-im-internet/ [Letzter Zugriff: 01.08.2021]

Meister, G. (2014). Wir Getriebenen. Abrufbar unter: https://www.stern.de/lifestyle/erfolgsmenschen/wir-getriebenen--warum-wir-heutzutage-zum-erfolg-verdammt-sind-3475136.html [Letzter Zugriff: 25.07.2021]

Konieczko, A., Schleger, D. (2020). Weltreise planen. Abrufbar unter: https://www.geh-mal-reisen.de/weltreise-planen/weltreise-nach-corona/ [Letzter Zugriff: 28.08.2021]

Lauenstein, M. (2020). Lebensentwürfe. Befreit euch! Die Zeit, Nr. 10, 2.02.2020

Quellenverzeichnis

O.A. (2020). Führerscheinklassen alt neu im Vergleich. Abrufbar unter: https://www.kfz-auskunft.de/info/fuehrerscheinklassen2.html [Letzter Zugriff: 14.07.2021]

Pabst, W. (2020). Wirtschaftspsychologie: Lebens- und Arbeitsqualität leiden unter steigendem Erfolgsdruck. Abrufbar unter: https://www.psychologie-aktuell.com/news/aktuelle-news-psychologie/news-lesen/wirtschaftspsychologie-lebens-und-arbeitsqualitaet-leiden-unter-steigendem-erfolgsdruck.html [Letzter Zugriff: 25.07.2021]

Piekarz, C. & Piekarz, P. (2020). Miete – Wertbildende Faktoren und Berechnung. Abrufbar unter: https://www.mietrecht.de [Letzter Zugriff 23.07.2021]

Piekarz, C. & Piekarz, P. (2020). Schönheitsreparaturen. Abrufbar unter: https://www.mietrecht.de/mietvertrag/schoenheitsreparaturen/ [Letzter Zugriff: 04.08.2021]

Rhein, A. (2019). Wohnrecht von Kindern: Welche Ansprüche haben sie und welche Rechte haben Eltern? Abrufbar unter: https://www.aktiv-online.de/ratgeber/wohnrecht-von-kindern-welche-ansprueche-haben-sie-und-welche-rechte-haben-eltern-3734 [02.09.2021]

Rilg, A.D. et al. (2020). Erbrecht. Abrufbar unter: https://www.iww.de/fk/archiv/erbrecht-besonderheiten-bei-der-annahme-und-ausschlagung-der-erbschaft-durch-einen-minderjaehrigen-f31751 [Letzter Zugriff: 29.07.2021]

Rittelmeier, H. (2020). Abofalle im Internet: Beispiele für die Abzocke im Netz. Abrufbar unter: https://www.computerbetrug.de/abofallen/beispiele [Letzter Zugriff: 28.08.2021]

Schönherr, Katja (2016). 18! Was du darfst was du musst was du kannst. Eichborn Verlag in der Bastei Lübbe AG, 7. Auflage 2016

Schütz, A. & Röhner, J. (2020). Selbstwert. In: Wirtz, M.A. (Hrsg.), Dorsch – Lexikon der Psychologie. Abrufbar unter: https://portal.hogrefe.com/dorsch/selbstwert/ [Letzter Zugriff am 25.01.2022]

Quellenverzeichnis

Sofatutor GmbH (2020). Schulwechsel – Das muss beachtet werden. Abrufbar unter: https://www.magazin.sofatutor.com/schueler/schulwechsel-das-muss-beachtet-werden/#_Gruende%20fuer%20den%20Wechsel [Letzter Zugriff: 23.07.2020]

Uniturm (2020). Rechte und Pflichten im Studium. Abrufbar unter: https://www.uniturm.de/magazin/recht/rechte-und-pflichten-im-studium-1259 [28.07.2021]

Verbraucherzentrale Niedersachsen e.V. (2017). Mein (erstes) Girokonto. Abrufbar unter: https://www.verbraucherzentrale.de/sites/default/files/2017-11/Checkliste_mein_erstes_Girokonto.pdf [Letzter Zugriff: 14.07.2021]

Verbraucherzentrale (2018). Familienversicherung in der Krankenkasse: Wer kostenlos mit rein kommt. Abrufbar unter: https://www.verbraucherzentrale.de/wissen/gesundheit-pflege/krankenversicherung/familienversicherung-in-der-krankenkasse-wer-kostenlos-mit-rein-kommt-28982 [Letzter Zugriff: 13.07.2021]

VER.DI Jugend (2020). Rechte von Auszubildenden. Abrufbar unter: https://www.ausbildung.info/rechte-in-der-ausbildung [Letzter Zugriff: 12.07.2021]

Wiemer, C. (2017). Kostenüberblick Rechner: Was eine eigene Wohnung kostet. Abrufbar unter: https://www.erstewohnung-ratgeber.de/einnahmen-kosten/kostenuberblick/ [Letzter Zugriff: 02.08.2021]

Winter, E. (2018). Prozessfähigkeit. Abrufbar unter: https://www.wirtschaftslexikon.gabler.de/definition/prozessfaehigkeit-44615 [Letzter Zugriff: 04.08.2021]

Impressum

Haftungsausschluss

Die Nutzung dieses Buches und die Umsetzung der enthaltenen Informationen, Anleitungen und Strategien erfolgt auf eigenes Risiko. Der Autor kann für etwaige Schäden jeglicher Art aus keinem Rechtsgrund eine Haftung übernehmen. Haftungsansprüche gegen den Autor für Schäden materieller oder ideeller Art, die durch die Nutzung oder Nichtnutzung der Informationen bzw. durch die Nutzung fehlerhafter und/oder unvollständiger Informationen verursacht wurden, sind grundsätzlich ausgeschlossen. Rechts- und Schadenersatzansprüche sind daher ausgeschlossen. Dieses Werk wurde sorgfältig erarbeitet und niedergeschrieben. Der Autor übernimmt jedoch keinerlei Gewähr für die Aktualität, Vollständigkeit und Qualität der Informationen. Druckfehler und Falschinformationen können nicht vollständig ausgeschlossen werden. Es kann keine juristische Verantwortung sowie Haftung in irgendeiner Form für fehlerhafte Angaben vom Autor übernommen werden. Die bereitgestellten Analysen, Vorschläge, Ideen, Meinungen, Kommentare und Texte sind ausschließlich zur Information bestimmt und können ein individuelles Beratungsgespräch nicht ersetzen. Alle Informationen dieses Buches entsprechen dem Kenntnisstand zum Zeitpunkt des Verfassens dieses Buches. Eine Haftung für mittelbare und unmittelbare Folgen aus den Informationen dieses Buches ist somit ausgeschlossen. Informieren Sie sich weitläufig aus unterschiedlichen Quellen und bedenken Sie, dass am Ende nur Sie für die Entscheidungen verantwortlich sind.

Urheberrecht

Das Werk einschließlich aller Inhalte, wie Informationen, Strategien und Tipps ist urheberrechtlich geschützt. Alle Rechte vorbehalten. Nachdruck oder Reproduktion (auch auszugsweise) in irgendeiner Form (Druck, Fotokopie oder anderes Verfahren) sowie die Einspeicherung, Verarbeitung, Vervielfältigung und Verbreitung mit Hilfe elektronischer Systeme jeglicher Art, gesamt oder auszugsweise, ist ohne ausdrückliche schriftliche Genehmigung des Autors untersagt. Die Inhalte dürfen keinesfalls veröffentlicht werden. Bei Missachtung werden rechtliche Schritte eingeleitet.

Haftung für externe Links

Unser Angebot enthält Links zu externen Websites Dritter, auf deren Inhalte wir keinen Einfluss haben. Deshalb können wir für diese fremden Inhalte auch keine Gewähr übernehmen. Für die Inhalte der verlinkten Seiten ist stets der jeweilige Anbieter oder Betreiber der Seiten verantwortlich. Die verlinkten Seiten wurden zum Zeitpunkt der Verlinkung auf mögliche Rechtsverstöße überprüft. Rechtswidrige Inhalte waren zum Zeitpunkt der Verlinkung nicht erkennbar.

Copyright © 2022 Heiko Thiel, Pseudonym

Young Dynamic Books

Herausgeber: Alexander Pauls

Walnussweg 4, 32339 Espelkamp

E-Mail: a-kdp@gmx.de

ISBN: 978-3-9822173-5-2

Alle Rechte vorbehalten.

Nachdruck, auch auszugsweise verboten.

Kein Teil dieses Werkes darf ohne schriftliche Genehmigung des Autors in irgendeiner Form reproduziert, vervielfältigt oder verbreitet werden.

Printed in Poland
by Amazon Fulfillment
Poland Sp. z o.o., Wrocław